»In Freiheit mit Blumen, Büchern und dem Mond – wer könnte da nicht glücklich sein?« Oscar Wilde

Durch den Garten flanieren, mal hier eine Blüte bestaunen, mal dorthin schnuppern; Ausschau halten, nach alldem, was da kreucht und fleucht; in der Nachmittagssonne im Schatten eines Baumes sitzen und die Gedanken schweifen lassen; oder den Jahreszeiten und dem Wetter trotzen und das Gärtnern zur Passion machen – der Garten ist ein Ort ungeahnter Möglichkeiten, Momente des Glücks zu erleben.
Die Vielfalt dieses Gartenglücks findet sich in all den wunderbaren Geschichten und Gedichten wieder, zu denen Autorinnen und Autoren immer wieder inspiriert werden. Die schönsten von Eva Demski, Rainer Maria Rilke, Robert Walser, Johannes Roth, Susanne Wiborg, Paula Almqvist u.v.a. sind in diesem Band versammelt – und bescheren ein einzigartiges Garten-Lesevergnügen.

insel taschenbuch 4375

Gartenglück

Die schönsten Geschichten

Gartenglück

DIE SCHÖNSTEN
GESCHICHTEN

INSEL VERLAG

Die Rechtschreibung der Beiträge folgt dem Original und wurde für diesen Band nicht vereinheitlicht.

Erste Auflage 2015
insel taschenbuch 4375
Originalausgabe

Literaturnachweise am Schluß des Bandes.
Vertrieb durch den Suhrkamp Taschenbuch Verlag
Umschlag: hißmann, heilmann, hamburg
Umschlagfoto: Paul Viant/Getty Images
Druck: CPI – Ebner & Spiegel, Ulm
Printed in Germany
ISBN 978-3-458-36075-9

Gartenglück

»Blüten und Bücher, die großen Seelentröster.«

Emily Dickinson

Rainer Maria Rilke

LIED

Der Garten vor den Fenstern
ist nur ein Bild in Grün
für einen unbegrenztern,
darin wir beide blühn.

Was seine Sinne segnet,
auf denen Winter war:
das sonnt und sinnt und regnet
auch über unserm Jahr.

Der Garten hat Gebräuche,
ähnlich wie ich und du:
zwei steigende Gesträuche
blühen einander zu.

Eva Demski

MEIN GARTEN

»Il faut cultiver notre jardin.«
Voltaire

Sie haben recht, lieber Voltaire. Die Empfehlung, mit der Sie seit ein paar hundert Jahren Leser und Leserinnen aus Ihrem *Candide* entlassen, ist immer noch die beste: Bestellt euren Garten! Ich weiß: Wer Ihnen folgt, wird glücklich. An manchen Tagen auch unglücklich, sehr unglücklich sogar, aber niemals hoffnungslos. Wenn einem nämlich der Tod im Garten begegnet, findet man zuverlässig ein paar Meter weiter neues Leben, mit dem man nicht gerechnet hat.

Zum Beispiel, wenn man den von Wühlmäusen entwurzelten Perückenstrauch aus dem Boden gezogen hat, widerstandslos, ein armer welker Leichnam, hört man angesichts einer Krötenlilie, die sich – wer weiß woher – daneben angesiedelt hat, sofort auf zu hadern. Erst jetzt kommt sie zur Geltung. Ohne den Mordfall hatten wir sie glatt übersehen.

Bestellen wir also unseren Garten. Der meine ist, wie Karl Valentin gesagt hat, nicht groß, aber hoch. Gut, hoch ist jeder Garten, wenn er aber auch sehr groß ist, kommt man nicht zum In-die-Luft-Schauen. Ich mache also zwanzig Schritte nach Südwesten, dann zweiundzwanzig nach rechts, dann wieder zwanzig nach Nordosten, und in weniger als einer Minute konnte mein ganzes Latifundium mit dem steinernen Wasserbecken in der Mitte umschritten sein. Ist es aber nicht, weil es eine Menge zu sehen gibt, zum Beispiel die bunten Fische mit ihren schwarzen Jungen. Man muß zupfen, abknipsen, hochbinden, rausreißen, ins Haus rennen und das Pflanzenbestimmungsbuch suchen, die blühende Glyzinie bewundern, die mir, ihrer Besitzerin, allerdings ihr kahles Untergestell zeigt, während der erste Stock gratis in einer Blüten- und Duftwolke sitzt.

So werden aus winzigen Dimensionen unendliche, jeden Tag andere. Das wird es sein, was Valentin mit »hoch« meint. Und was es zu kultivieren gilt. Bestellen, wie die meisten Übersetzungen sagen, scheint mir in dem Zusammenhang doch arg bäurisch zu klingen. Hört sich nach Maisfeld und Milchquote an.

Die ersten Gärten, die ich als Kind kennenlernte, mußten nützlich und nahrungsspendend sein, auch die sehr kleinen. Blumen spielten kaum eine Rolle, was zur Folge hatte, daß die wenigen, die neben Gemüse, Kartoffeln und den unvermeidlichen Stachelbeeren geduldet wurden, wie verrückt gediehen. Noch heute kann man die Nachkommen jener Bauernblumen in Bayern bewundern, riesenwüchsige Herbstastern, unbezähmbare Massen von Ringelblumen und Wicken, Dahlien wie Löwenköpfe. Sie lehren uns, daß nicht unbedingt Sorgfalt und Liebe zu gärtnerischen Erfolgen führen. Desinteresse und Grobheit, das wird einen lebenslang erbittern, läßt sogar zickige Pflanzen erstaunlich üppig gedeihen. Es ist empörend, wie so oft in der Liebe: Man reißt sich ein Bein aus, aber das geliebte Objekt schmeißt sich einem gleichgültigen Niemand an den Hals.

Rittersporn: ein Synonym für vergebliches Werben. In struppigen Bauerngärten habe ich Mengen davon gesehen, meterlange Blütenfackeln in allen Blautönen von fast Weiß bis fast Schwarz, in Wolken von Bienen und Schmetterlingen gehüllt. Der Boden – nicht geharkt, weder gedüngt noch gemulcht, noch gegossen – war bedeckt von Blüten, ein verschwenderischer blauer Teppich, Rittersporn wirkt noch im Vergehen triumphierend. Jedenfalls da, wo er sein möchte. Wo er nicht sein möchte, kommt er gar nicht erst aus der Erde. In meinem Garten schlafen Generationen von Rittersporn entweder unerweckt im Boden, oder sie sind in den Mägen von Wühlmäusen und Schnecken gelandet. Ich glaube an die erste Möglichkeit und versäume in keinem Frühjahr, an all den Stellen, wo ich ihm ein Heim hatte bereiten wollen, nach Blättchen zu suchen. Es sind nie welche da, wohl aber die Hoffnung, dieses unausrottbare Gartengewächs. Die kennt jeder aus dem eigenen Garten. Ob Rittersporn, Seidenmohn oder eine Malmaison-Rose: Eines Tages werden sie für uns wachsen. Ganz freiwillig. Auch wenn wir bisher nicht einmal einen ordentlichen Kopf Salat großziehen konnten.

Verrückte Hoffnung: Um sie zu züchten, braucht man unbedingt einen Garten. Eine Fensterbank. Irgendeine Ecke mit Erde drin, sie braucht wenig, um sich festzukrallen.

Von der Fensterbank aus versorgte Anna K., meine sudetendeutsche Großmutter, ihre vielköpfige Familie mit Tomaten, Kohlrabi und Schnittlauch. Im Wohnzimmer herrschte deshalb eine grüne Dämmerung, was niemanden störte, denn es wurde nur an hohen Feiertagen genutzt. Danach kam das Wirtschaftswunder, möglicherweise hat es mit einem Garten auf der Fensterbank begonnen.

In meinem Garten steht ein Stachelbeerbäumchen. Als Reminiszenz. Eigentlich esse ich sie nicht besonders gern, ein Garten aber, aus dem gar nichts Eßbares kommt, scheint mir irgendwie leichtfertig. Seit drei Jahren kriegt der Baum im Frühjahr eine Menge Beeren, die fallen dann eine nach der anderen ab, bis auf drei oder vier, die zu einmaliger Größe und Köstlichkeit heranwachsen. Ich esse die Ernte ganz allein, langsam und bewußt.

Eßbares aus dem Garten unterliegt Moden, man kann heutzutage mit thailändischen Spaghettibohnen oder rotem bosniakischen Rucola gesellschaftlich punkten. Auch tauchen bei Leuten, von denen man das nie gedacht hätte, plötzlich Gänseblümchenblüten und Kapuzinerkresse auf der Vorspeise auf, was hübsch aussieht und für kulinarische Fortschrittlichkeit spricht. Selbstgezogenen Lauch oder eigene Karotten als glamourös zu preisen käme niemandem in den Sinn. Dabei ist beides schwieriger als Gänseblümchen.

Rechts vorne in meinem Garten stehen Töpfe mit Kräutern, ein Weg, Nützlichkeit und mediterrane Leichtigkeit vorzutäuschen. Und das ist unser Kräutereckchen, dieser

Satz fehlt bei keiner Gartenbesichtigung, auch wenn man die Hausherrin verdächtigt, daß sie vor kurzem noch mit Pampasgras angegeben hat. Jetzt müssen es sechs Sorten Salbei sein, verschiedenfarbig. Die eine riecht absolut köstlich nach Blutwurst. Wir fragen zähneknirschend nach der Bezugsquelle, nur um den erwarteten Satz »Ich mache Ihnen gern einen Ableger« zu kassieren.

Ableger können Liebesbeweis oder Demütigung bedeuten, Hochnäsigkeit oder Dankbarkeit und manchmal schiere Verzweiflung, gepaart mit ein wenig Schadenfreude. Wenn man nämlich einer terroristisch gesonnenen Pflanze nicht mehr Herr wird und den Eroberer als Ableger in andere Gärten einschleust, auf daß die in Kürze genauso kolonisiert werden.

Sogar im Kräutereck wohnen Terroristen. Sauerampfer zum Beispiel oder Liebstöckel. Auch die wohlriechende und gesunde Zitronenmelisse hat die Neigung, sich ganzer Gärten zu bemächtigen. Nachdem man sich wie im Blutrausch reißend und rupfend gegen sie gewehrt hat, riecht man noch lange ganz wunderbar, was einem wiederum ein schlechtes Gewissen verursacht. Sie nimmt es einem aber nicht übel und taucht im nächsten Jahr an den gleichen und noch einem Dutzend neuen Stellen wieder auf. Auch die Pimpinelle, die ihren Auftritt hauptsächlich in der Grünen Soße hat, neigt zu Platzwechsel und Riesenwuchs. Sie blüht ganz hübsch, man kann sie also anstelle von Gänseblümchen über die Hors d'œuvres streuen.

Das waren ein paar von den Wichtigtuern in der Kräuterabteilung, vor denen gewarnt werden muß. Es sei denn, man liebt Übertreiber, das gibt's ja.

Die Scheuen dagegen scheinen sich vor dem erntenden Messer oder der Schere förmlich zu verkriechen. Basilikum friert leicht, Schnittlauch kriegt mit der Zeit dünne Halme, Salbei holzige Stengel. Petersilie kann sich nicht entscheiden, ob sie viel oder wenig Wasser will, Kerbel neigt zur Gelbsucht. Borretsch mit diesen unwahrscheinlich blauen Blüten und den kratzigen Blättern ist bei einigen Gärtnern ungestüm wüchsig, bei mir ziert er sich. Und lädt haufenweise Läuse in allen Farben ein, bei ihm zu speisen. Dill? Den sollte man ins Rosenbeet pflanzen, das macht sich wunderbar, viel feiner und verrückter als Schleierkraut. Rosen mit Schleierkraut dazwischen sehen leicht aus wie Muttertagsfleurop. In meinem Rosenbeet hat er nicht wachsen wollen, dafür der Giersch, den kann man auch essen. Das ist aber auch schon das einzig Positive, was man über Giersch sagen kann.

Welche Kräuter fehlen noch? Kresse, die kann man auf Löschpapier oder Kosmetikwatte ziehen. Die als Vorspeisendekoration schon erwähnte Kapuzinerkresse, eine der allerhübschesten Schlampen unter den Blumen, ist anders. Vielleicht hat sie mal gehört, daß ich sie so nenne. Jedenfalls wächst sie – andernorts das bare, prachtvolle Unkraut – bei mir nicht, nirgendwo. Nicht am trockenen Beetrand, nicht im Topf, weder Sonne noch Schatten vermögen sie hervorzulocken. Manchmal taucht eine meterlange, traurige Ranke mit einer einzigen fahlen Blüte auf. Die macht sie, um mir zu zeigen: Ich habe gekeimt. Ich habe aber keine Lust, bei Ihnen zu wachsen.

Von der Kräuterkolonie aus geht es in wenigen Schritten in ein Antike simulierendes Eck mit Steintisch und Steinbänken. Beides hatte ich vor wenigen Jahren in einem Katalog als Sonderangebot entdeckt, mir ein Herz gefaßt, gekauft, aufstellen lassen (was für eine Prozedur sich hinter diesen wenigen Worten verbirgt, tut hier nichts zur Sache) – und dann Wind, Wetter und der Energie des Alterns vertraut. Damit hat man ja Erfahrung und wird auch von Steinernem nicht enttäuscht. Moos hat sich angesiedelt, vielfarbige Flechten, geheimnisvolle Kalkstrukturen und Narben sind dazugekommen, die kleinen Löwen am Tischfuß schauen wie hundertjährige drein – kurz: In meinem bescheidenen Stadtgarten ist in wenigen Jahren ein Stück altes Rom entstanden, nicht echter als in einer Pizzeria, aber viel glaubwürdiger. Nun war kein Halten mehr, und anstatt wie sonst an den Replikenlagern am Straßenrand voll Abscheu vorbeizufahren – Der Dornauszieher in allen Größen! Mehr Säulen als auf der Akropolis, wetterfestes Material! –, bin ich hineingegangen.

Früher habe ich alles Kopierte, jede Art von Nachgemachtem verachtet. Echt alt oder gar nicht. Plötzlich, nach dem Versuch mit Tisch und Bänken, traute ich meinem Garten zu, alles in ein Original verwandeln zu können. Es genügt ein hübscher Platz, etwas Moos, eine Kletterrose. Und dann muß nur ein wenig Zeit vergehen. Der Garten nutzt seine Jahreszeiten, und irgendwann hat er uns ganz unmerklich ein Original geschenkt. Kitsch? Ein Löwenbrünnchen macht noch keine Villa d'Este, das wissen wir. Die wollen wir ja auch nicht. Nur einen Hauch davon, eine Erinnerung – ein Stückchen Anmaßung und ein handtuchgroßes Fürstentum.

Mein Steintisch steht auf einem gepflasterten Platz, wenigstens die Pflasterziegel sind alt. Aus ihren Ritzen (ausgerechnet da – wenn ich sie an eine in meinen Augen geeignete Stelle gepflanzt hätte, wäre ich von ihr ausgelacht worden) wächst eine pfirsichblättrige Glockenblume. In den ersten Jahren ist sie mit dem Kopf unter der Tischplatte angestoßen und mußte sich krumm machen. Jetzt hat sie ihre Wuchshöhe angepaßt und ebenso kurze Kinder in anderen Ritzen angesiedelt, zartlila, weiß und einzigartig schön.

Sie können ganz unterschiedlich aussehen, die Gartenfürstentümer, Disneyland oder Kyoto, Western Ranch oder Provence: Es steht einem nicht zu, sich über die Requisiten zu amüsieren, die andere Gartenbesitzer glücklich machen. Oder über deren Besessenheiten.

Ich traf eine Frau, die ich fast zehn Jahre nicht gesehen hatte. Sie beantwortete meine Frage, wie es ihr gehe, mit den Worten: Mein Bambus blüht! Das war nach so langer Zeit die wichtigste Mitteilung: Sie würde aus ihrem verbissen asiatischen Fürstentum alle Bambusse mitsamt den Mordswurzeln rausschmeißen müssen. Wenn der Bambus nämlich blüht, stirbt er. Man sollte sich überlegen, ob man sich so was antun will.

Ich habe mich in meiner römisch verkleideten Gartenecke schon ziemlich lang aufgehalten, wobei ich die Töpfe mit Zitrone, Olive, Myrte, Akelei und allerlei anderen Bewohnern noch gar nicht erwähnt habe. Aktuell sind es sechsundzwanzig mit der Tendenz, mehr zu werden. Geschenke, Frust- und Mitleidskäufe, manchmal Begeisterung mit einem völligen Mangel an Sachkenntnis gepaart – oder auch Sturheit. Zitruspflanzen wollen nicht bei mir? Sie müssen! All das führt zur Explosion der Töpfezahl. Im Herbst werden wir uns dann verfluchen, aber noch ist der Herbst weit weg.

Jeder Garten hat eine dunkle Seite, schattig, trocken – weil hohe Bäume alles Wasser wegtrinken – oder wegen einer häßlichen Aussicht ungeliebt. Meistens gibt es da auch schreckliche Bewohner, wilde Brombeeren, die sich mit allen Mitteln gegen das Ausreißen wehren und durch die dicksten Handschuhe blutige Wunden schlagen, oder tausend zähe Buchenschößlinge, die einem bei ihrer Vernichtung das widerwärtige Gefühl geben, soeben einem schönen Baum die Zukunft genommen zu haben. Baumschößlinge rauszureißen ist notwendig – schließlich fehlt für einen Wald der Platz –, aber unangenehm. Wie reizend sieht es aus, wenn die vom Eichhörnchen vergrabene Walnuß sich teilt und einen grünen Sproß entläßt. Das Entzükken verblaßt, wenn in Blumentöpfen, unter Bäumen, auf der Wiese und überhaupt an allen erdenklichen Stellen des Gartens geteilte Walnüsse auftauchen, ein Versprechen für künftige Walnußhaine – ab in den Kompost. Da wachsen sie dann munter weiter, bis man sich erbarmt und sie in einen Kübel setzt, in dem sie dann prompt eingehen.

Allerdings kann man das eine oder andere aus einem richtigen Wald anzusiedeln versuchen, und wenn man Glück hat, wird aus der Schmuddelecke eine geheimnisvolle, jedes Jahr von neuem überraschende Freude. Zum Beispiel Buschwindröschen, Waldveilchen, Nieswurz oder Maiglöckchen. Die verwildern schön, mögen düstere Gegenden und wollen nur in Ruhe gelassen werden. Der eine oder andere Farn, auch Funkien – aber nicht die mit den bräsigen Blättern, die wie übergroßer Salat aussehen –, sie werden sich alle jedes Jahr anders verteilen, und manchmal kackt ein Vögelchen Walderdbeersamen hin: Dann hat man auch wieder was Eßbares.

Er hat mich mehr als einmal gerettet, der Garten: die Dinge zurechtgerückt, mich zum Lachen gebracht, wenn mir zum Heulen war. Er bereitet mir Niederlagen, aber er tröstet mich, wenn die Welt mir welche bereitet. Er erlaubt das Kindischsein und verschenkt, wenn etwas sehr weh tut, ein unerwartetes Blümchen. Er zwingt einen zur Verantwortung und treibt einem sinnloses Grübeln aus: Wichtig ist jetzt nicht die globale Erwärmung, sagt er, sondern: Giesen. Mich. Jetzt.

In harten Krisen ist er unschätzbar, egal, wie groß er ist. Es geht, wie gesagt, um seine Höhe. Ich weiß, wovon ich rede.

Dennoch müssen wir ihn manchmal verlassen, wir wollen ja kein Leberecht Hühnchen sein, jene etwas ärmliche

Figur von Heinrich Seidel, die mit einer einzigen Nuß Festmähler feierte und nie über den Zaun geschaut hat.

Goethe hat schon recht: *Bringet mich wieder nach Hause! was hat ein Gärtner zu reisen?* Der Garten nimmt Abwesenheiten übel und liebt den Gärtner am meisten, der nie wegfährt. Aber er verzeiht auch schnell, vor allem, wenn man ihm was mitbringt, da ist er wie ein Kind. Das eine Mitbringsel liebt er wie verrückt und kann sich gar nicht trennen, das nächste macht er sofort kaputt.

Vita Sackville-Wests Kulturbeutel, in dem sie für ihren heimischen Garten in aller Welt Pflanzengeschenke sammelte – man kann auch sagen: klaute –, sei uns Verpflichtung. Wo immer du auf der Welt sein magst, im Orient oder Okzident: Denk an deinen Garten. An sein bescheidenes Wassertümpelchen, wenn dich toskanische Fontänen umrauschen, an seine paar Meter Buchsumrandungen und die fünf Kugeln, wenn du die buchsernen Riesenfabeltiere asiatischer Parks bewunderst.

Denk an deinen Garten. Und bring ihm unbedingt etwas mit!

Hermann Hesse

WIE EIN MÄRCHEN AUS DER KINDHEIT

Wie schön war die nächtliche Gartenwildnis drüben! Wie konnte man sich in so etwas so schnell verlieben, genau so wie in eine Frau! Ich war in den Garten verliebt, ich wünschte ihn mir, sehnte mich in ihn hinüber. Wie lang hatte ich keinen Garten mehr gehabt! Wie lang hatte ich in Eisenbahnwagen und Hotelzimmern gelebt!

Es war noch früh, vielleicht neun Uhr, aber das Städtchen schien schon zu schlafen. Ich mochte nicht länger so stehen, ich lief weg, die Treppe hinab und aus dem Hause, über einen kleinen Platz, wo ein Brunnen floß, durch eine Gasse, durch andere Gassen, alle still und tot, und nun hatte ich in die Gasse gefunden, auf die ich vorher hinunter wollte, wo der Garten lag. Vielleicht hatte die Mauer ein Tor, ich wollte suchen.

Sie hatte kein Tor, nichts, nicht einmal ein Loch zum Hindurchsehen. Und jetzt war mein Verlangen nach dem Garten erst recht erwacht. … Ich suchte eine rauhe Stelle an der Mauer, wo ich den Fuß einsetzen konnte, gab mir einen Schwung und saß alsbald rittlings oben, von da ließ ich mich in den Garten hinunter gleiten.

Ich fiel mit den Händen voran in weiches Gras, und streifte an ein Gesträuch, das duftete seltsam, das roch nach uralten Dingen und irgendwo in meinem fernsten Leben, in meiner frühsten Kindheit hatte es so gerochen. O wie schön und erregend war dieser Duft, er roch nach Urzeit, er sang von Mutter und Großmutter. Er verwandelte mich und die Welt, ich war nicht mehr hier oder dort, in dieser Stadt und in jenem Garten, ich war mitten im Urwald des Vergangenen, nie Gestorbenen, der Gefühle und Erinnerungen. Ich roch Erde, das sprach von Blumenbeeten der Kindheit, ich war ein kleines Kind und pflanzte eine Primelpflanze in einen Topf, drückte die duftende Erde an, goß Wasser dazu, hatte zum erstenmal etwas gepflanzt, etwas Lebendes, das mir gehörte und das wachsen konnte, das mit Wurzeln in der schwarzen Erde trank und aß. Ich selber senkte Wurzeln hinab, trank Erde, aß Urwelt, keimte in feierlichem Zeugungsdunkel, Zeit und Gestalt war versunken, alles war Anfang, alles keimte, es gab noch nicht Mensch noch Pflanze.

Wieder aus diesem Chaos weckte mich ein Anruf: eine Kröte, unsichtbar, flüchtete im Dunkeln vor meinem Schritt hinweg, auf leise klatschenden Sohlen. Schon war sie weg, aber ein neuer Schlund in mir war aufgerissen, ein neuer Abgrund, seit Kinderzeit gesucht und geflohen, unheimlich und lockend, Welt des Kühlen, schleimig Glatten, Fremden, Kröte und Schlange, Gefühl des Grauens, der tiefen Neugierde, der Angst vor Gefahr und Verbotenem. Auch diese Welt dunkler Gefühle, mit Vorstellungen meiner Kindheit beginnend, führte zurück bis zum Chaos, in Vorpersönliches und Vormenschliches, in Abgründe eines furchtbaren Urgrauens, ebenso heilig wie furchtbar, ebenso schöpferisch wie tödlich.

Der Baum, dem ich auswich, das Gras, das mich hoch bis zu den Knien streifte, der verwachsene Weg, das verwilderte Rondell, der Nachtfalter, die Grille – alles, und jedes Blatt am Strauch und jede Schwingung der Luft, war so voll Beziehung, war so weckend, erinnernd, erregend, führte mich ins eigne Innere und darin zurück bis ins Gestaltlose – für Augenblicke begriff ich, daß Worte des Mythos wie Chaos und Schöpfung, Worte der Vernunft wie Vorzeit und Entwicklung im Grunde nicht ein Nacheinander meinten, sondern ein Zugleich und Ineinander. Urwelt war nicht älter als Heute, war nicht gewesen: – Urwelt und Heute waren zugleich.

Anders hatte ich diesen Garten mir vorgestellt. Jetzt war er nicht ein schönes und rührendes Gebilde großväterlicher Kultur, jetzt war er magischer Schauplatz, Urwald, Geisterbühne. Jeder beliebige Ort der Welt kann dazu werden, Wald und Tempel, Gasse und Zimmer, Wiese und Bahnhof, jeden Augenblick können wir eintreten in Urwelt, Mythos, Zeitlosigkeit – aber selten geschieht es, selten weht der Zauber uns an. Ich flog mit dem Nachtfalter durch einen indischen Wald, ich atmete im Laubgeruch Märchen meiner Kindheit, saß auf Pferden, saß auf Schulbänken, wiegte mich in Baumwipfeln und auf Schiffsmasten, jagte Paradiesvögeln nach, floh vor Ungeheuern, war alt und jung, war Zwerg und Riese. Vom Garten sah ich nichts, er war zu voll, zuviel Länder und Erdteile waren in ihm, zuviel Zeitalter, zuviel Städte und Blumen, Sterne und Schneeberge.

Robert Walser

DAS VEILCHEN

Es war ein dunkler, warmer Märzabend, als ich durch das reizende, gartenreiche Villenviertel ging. Vielerlei Menschenaugen hatten mich schon gestreift. Es war mir, als schauten die Augen mich tiefer und ernster an als sonst, und auch ich schaute den vorübergehenden Menschen ernster und länger in die Augen. Vielleicht ist es der beginnende Frühling mit der wohllüstigen warmen Luft, der in die Augen einen höheren Glanz legt und in die Menschenseelen einen alten und neuen Zauber. Frauen nehmen sich in der Frühlings- und Vorfrühlingsluft mit den weichen Brüsten, die sie tragen, und von denen sie gehoben und getragen werden, wunderbar aus. Die Gartenstraße war schwärzlich, aber sehr sauber und weich. Es kam mir vor, und ich wollte mir einbilden, ich gehe auf einem weichen, kostbaren Teppich. Voll Melodien schien die Atmosphäre. Aus der dunklen geheimnisvollen Gartenerde streckten schon die ersten Blumen ihre blauen und gelben und roten Köpfchen schüchtern hervor. Es duftete, und ich wußte nicht recht nach was. Es schwebte ein stilles, angenehmes Fragen durch die süße, dunkle, weiche Luft. Ich ging so, und indem ich ging, schmeichelte sich ein zartes unbestimmtes Glücksgefühl in mein Herz hinein. Mir war zumute, als gehe ich durch einen herrlichen, lieben und uralten Park, da kam eine schöne, junge, zarte Frau auf mich zu, violett gekleidet. Anmutig war ihr Gang und edel ihre Haltung, und wie sie näher kam, schaute sie mich mit rehartig-braunen Augen seltsam scheu an. Auch ich schaute sie an, und als sie weiter gegangen war, drehte ich mich nach ihr um, denn ich konnte der Lust und dem hinreißenden Verlangen, sie noch einmal, wenn auch nur im Rücken, zu sehen, nicht widerstehen. Wie eine Phantasieerscheinung glitt die reizende Gestalt mehr und mehr in die Ferne. Ein Weh durchschnitt mir die Seele. »Warum muß sie davongehen?« sagte ich mir. Ich schaute ihr nach, bis sie im zunehmenden Abenddunkel verschwand und wie ein süßer, übersüßer Duft verduftete. Da träumte ich vor mich hin, es sei mir ein großes, frauenförmiges Veilchen begegnet mit braunen Augen, und das Veilchen sei nun verschwunden. Die Laternen indessen waren schon angezündet und strahlten rötlich-gelb in den blassen Abend. Ich ging in mein Zimmer, zündete die Lampe an, setzte mich an meinen altertümlichen Schreibtisch und versank in Gedanken.

Susanne Wiborg

WENN ALLES WÄCHST ...

Die Hoffnung wohnt an den seltsamsten Orten: Als ich an diesem schönen Sommertag einen großen Blumenkübel beiseite räumte, hockte sie einfach darunter. Untersetzt und kompakt, wie sie war, erinnerte sie ein bißchen an einen klitzekleinen Buddha. Die stämmigen, nach innen gedrehten Vorderbeine und die typischen Überaugenwülste, die wie dicke Augenbrauen aussehen, trugen zu dieser charakteristischen Aura philosophischer, in sich ruhender Gelassenheit bei. Als sie sich zum Rückzug entschloß, sprang sie nicht etwa hektisch weg wie ein aufgescheuchter Frosch, sondern ging ganz einfach gemessen davon. Es war eine winzige junge Erdkröte, die erste, die ich je in meinem Garten getroffen habe – und das lange nachdem ich jede Hoffnung begraben hatte, daß hier eine einziehen würde.

Ich finde Amphibien unwiderstehlich, ganz besonders die Erdkröten in all ihrer charmanten Häßlichkeit. Meine Zuneigung zu *Bufo bufo* müßte eigentlich jeden Psychologen entzücken, handelt es sich doch um ein Musterbeispiel frühkindlicher Prägung: Der Garten meines Großvaters in der Wesermarsch, von einem wunderbar schlammigen, mit Entengrütze überzogenen Graben begrenzt, wimmelte nur so von Froschlurchen. Ich fand sie allesamt großartig, aber am meisten faszinierten mich die wohlgenährten, ruhigen Kröten, die den Tag unter den Erdbeerblättern verdösten.

Da saßen sie dann, wenn ich mit meiner Kindergießkanne vorbeikam, reglos wie gefleckte warzige Steine, und schienen mir mit diesen unglaublichen, in metallischem Goldorange schillernden Augen zuzublinzeln. Viel später hätte ich diese vierbeinigen Philosophen so gern auch in meinem eigenen Garten begrüßt und versuchte jahrelang, sie mit jedem nur erdenklichen Service zum Einzug zu bewegen, allein: Sie kamen nicht. Bis zu diesem Sommertag, an dem mit dem ersten eingewanderten Jungtier auch die Hoffnung zurückkehrte. Passender hätte es nicht kommen können: Es war, tatsächlich, der zehnte Jahrestag meines Einzugs.

Zehn Jahre? Das schien mir an diesem Morgen mindestens so unglaublich wie der unerwartete Krötenbesuch. War es nicht erst ungefähr gestern gewesen, als ich, inmitten einer halbwegs geräumten Baustelle, endlich Ruhe hatte – für meinen ersten eigenen Garten? Was machte es da, daß der Raum, vorsichtig ausgedrückt, begrenzt war? Überdies war das, was überhaupt als Garten in Frage kam, längst vergeben, an vier marode Hochstamm-Obstbäume, wildwuchernde Heckenrosen und alte Sträucher. Jede freie Fläche bestand aus festgestampftem, überwiegend geschottertem Lehm. Wer da einzig noch fröhlich gedeihen konnte, war auch ohne botanischen Sachverstand klar: der Giersch, akzentuiert mit einigen trügerisch filigranen Quecken. Ansonsten bestanden die gärtnerischen Restbestände aus ein paar verstreuten Erdbeerblättern und genau einer, tief in den Strauchwurzeln verbarrikadierten blauen Akelei.

Mir war das so was von egal: Ich liebte sie alle – bis auf den Giersch natürlich. Einen ebenso glücklichen wie anstrengenden Hochsommer verbrachte ich im Nahkampf mit dem dominanten Doldengewächs, meist kriechend, immer in Griffweite der rabiaten Heckenrosen. Das Erfolgserlebnis angesichts meiner ersten gierschfreien Fläche hätte ich, zerkratzt und voll eines archaisch lodernden Triumphes, für keinen Urlaub auf den Bahamas eingetauscht. Wie schnell *Aegopodium podagraria* zurückkommt, lernte ich dann anschließend. Ansonsten freute ich mich, daß der Blumentopf schon erfunden war: Mein gesamter Garten, von der Petersilie über die Tomaten bis hin zur allerersten Rose, lebte vorerst in Tontöpfen, die ich begeistert hin- und herrückte, während ich von üppigen, farbig überquellenden Beeten träumte.

Bloß: Dafür gab es eben nirgendwo Platz – es sei denn nach oben. Also kam ein Spalier rund ums Haus, den Herbst über wühlte ich in Lehm und Kompost und verbrachte dann einen anregenden Winter über einem Riesenstapel von Gartenbüchern, Rosen- und Kletterpflanzenkatalogen. Daß ich die Objekte meiner Begierde im ersten Frühjahr viel zu eng und viel zu dicht ans Haus pflanzte, muß ich wohl keinem aufs Kleinstgrundstück beschränkten Grünabhängigen erzählen. Aber Clematis und Kletterrosen, Geißblatt und Wein gediehen tatsächlich, und dann vollbrachte die robuste »Clematis Etoile Violette« das kleine Wunder: Als ich mit ihren samtblauen Sternen vor der weißen Hauswand das erste Mal einen meiner Träume buchstäblich erblühen sah, war es passiert: Aus dem verwahrlosten Stückchen Land war *mein* Garten geworden!

Von diesem Erfolg ermutigt, trieb ich nun, vom Haus ausgehend, sozusagen Ausläufer ins Terrain: hier eine Rose an den Birnbaum, da Akeleien unter die Heckenrosen, dort ein kleines Rosenbeet. Daß ich nicht auf einmal haben konnte, was ich gern gehabt hätte, erwies sich langfristig als Glück: So wuchs – und wächst – alles Stück für Stück mit meiner Erfahrung. Nicht nur der Garten wandelte sich dabei, ich tat es ebenso. Ganz am Anfang, fast im Begeisterungs-Delirium nach dem Konsum von Unmengen üppiger Hochglanzbände, hatte ich mir erst ein ähnlich blühendes Paradies vorgestellt und dann versucht, möglichst genau nach diesen Vorgaben zu pflanzen. Daß die verlokkenden Fotos überwiegend auf ausgedehnten, von Generationen treuer Domestiken kultivierten britischen Landsitzen entstanden waren, entmutigte mich dabei in keiner Weise. Natürlich kam dann alles, wie es kommen mußte: anders – und dieser immer neue Überraschungseffekt gefiel mir bald noch viel besser. Das im Garten »wiedergefundene Paradies« ist ohnehin eine kitschige Illusion, um so kostbarer aber sind die flüchtigen Momente, in denen sie greifbar scheint: knittrige Mohnblüten, der Duft nasser Rosen, das Licht auf einem filigranen Libellenflügel. Und ganz dicht neben aller Schönheit steht immer auch die Melancholie: Der Mohn vergeht, die nasse Rose verpilzt, die Libelle holt ein Frosch. »Die Weitgereisten werden wissen«, wußte auch Joseph Roth, »daß es genügt, einen einzigen verstaubten Fliederbaum in einem verstaubten Großstadthof zu sehen, um die ganze tiefe Trauer aller verborgenen Fliederbäume der Welt zu verstehen.«

Garten ist also genau wie das richtige Leben: durchwachsen. Alles wächst allmählich, und mit ihm wandelt sich die Sicht. Gab es zunächst so viel auszusuchen und zu pflanzen, dauernd so viel zu tun, so kehrt nach einiger Zeit eine gewisse Ruhe ein, und mit der Rückkehr der Tiere verschieben sich sachte die Gewichte: Neben den Pflanzenkatalogen stapeln sich bald auch die Bestimmungsbücher, und zeitweise wird das Beobachten wichtiger als das Bewegen. Das Leben mit einem Garten hat viel vom Reiz einer großen Inszenierung: das kurze, intensive Kulissen-Rücken im Frühjahr und Herbst, das gespannte Warten auf die Darsteller und schließlich das Zusehen vom Logenplatz auf der Terrassentreppe. Nur, daß man draußen eben nie weiß, wer die aktuelle Hauptrolle übernehmen wird: eine wundervoll singende Mönchsgrasmücke – oder doch irgendeine lichtscheue Gärtner-Nemesis, die im Schutze einer einzigen Nacht alle Setzlinge zu einer amorphen Masse abfräst.

Die Tiere kamen zurück, sobald die begrünte Schotterwüste wieder zu leben begonnen hatte, erstaunlich artenreich für die enge Innenstadtlage. Den Regenwürmern und Insekten folgten Spitzmaus, Igel, Waldmäuse und alle üblichen Gartenvögel, von der Amsel bis zur Kohlmeise. Bald kamen auch seltenere Gäste, vom brütenden Grauschnäpperpaar bis zu den durchreisenden Seidenschwänzen, von vielen verschiedenen Schmetterlingen über wilde Bienen und Hummeln bis hin zu diversen Libellenarten an den wassergefüllten Mörtelkübeln. Als es dann endlich für den kleinen Teich reichte, waren die Frösche längst da – nur ausgerechnet die Erdkröten nicht. Die Frage, wieso der Grasfrosch sich hier rundum wohlfühlt, sogar der seltene Springfrosch mehrere Jahre lang fröhlich bei mir lebte und laichte, die simple, universell anpassungsfähige Erdkröte aber nie auftauchte, reihte ich irgendwann resigniert unter die ungelösten Mysterien der Schöpfung ein und gab die Hoffnung auf. Bis der Winzling sie doch zurückbrachte und mir der Garten zum ersten Mal in gewisser Weise komplett erschien – auch wenn es so etwas natürlich nie geben kann. Was ja auch ein Glück ist, denn in der ewigen Unvollkommenheit, die Raum für immer neue Träume, Wünsche und Pläne bietet, liegt der größte Reiz des kleinen Abenteuers vor der Haustür.

Was es statt der nie erreichbaren Vollkommenheit in jedem Garten ständig, gratis und en passant gibt, sind unvergeßliche Einblicke in das Wesen der Dinge: Nichts, buchstäblich nichts auf diesem Planeten kann einem frustrierten Erdling die Eitelkeit und Sinnlosigkeit allen menschlichen Strebens so eindrucksvoll vor Augen führen wie der Giersch, der auch nach Jahren rückenverschleißender Buddelei unverdrossen und ungeschwächt aus den Büschen kriecht. Nichts verkörpert Ambivalenz überzeugender als eine ebenso hinreißende wie mörderische Rambler-Rose, die sich im Nu aus einem duftenden, silbrigrosa Blütenwunder in ein angriffslustiges Ungeheuer verwandelt. Und als ich nach der Begegnung mit der reizenden kleinen Kröte erwartungsfroh den nächsten Kübel hochhob, klebte darunter auf der Erde nur eine Kollektion selten fetter und selten gruseliger Nacktschnecken. Gärtnerleben: Der Boden der Tatsachen ist meist viel schneller wieder erreicht, als einem lieb ist. Aber was macht das schon? Eines zumindest ist jederzeit sicher: Die Hoffnung wartet immer irgendwo, und nie ist sie weiter weg als der nächste Frühling!

Marie Luise Kaschnitz

DER ALTE GARTEN

Mitten in der großen Stadt liegt ein sehr alter Garten. Früher einmal und vor gar nicht so langer Zeit hat er zu einem Herrenhaus gehört, Wiesen und Wälder haben ihn umgeben, und niemand hat gewußt, wo er zu Ende war und das freie Land begann. Im Winter sind die Rehe aus dem Wald in den Garten gekommen, und im Sommer sind die Kinder aus dem Herrenhaus über die Wiesen gelaufen, so weit sie nur konnten.

Aber dann wurden diese Kinder groß und zogen in die Fremde, und die Stadt dehnte sich immer mehr aus und kam immer näher an das alte Haus heran. Eines Tages wurde um den Garten eine Mauer aufgerichtet, gerade als wollte man ihn davor schützen, von der Stadt aufgefressen zu werden. Jenseits dieser hohen Mauer aber wurden Bäume gefällt, wurden Straßen angelegt und hohe Häuser gebaut. Und als die Stadt den alten Garten ganz umschlossen hatte, wuchs sie sogar an ihm vorbei, immer weiter, tief in das Land hinein.

Trotz all dieser Veränderungen schien es fast, als sollten das Herrenhaus und der alte Garten miteinander in Frieden weiterbestehen. Noch immer lebten die Eltern jener Kinder, die in die Fremde gegangen waren; nun hatten sie kein Landgut mehr, aber sie konnten doch noch unter den alten Bäumen ihres Gartens spazierengehen, und im

Hochsommer, wenn das Laub dicht war, mochten sie glauben, es sei alles wie in den alten Zeiten. Aber doch waren sie nun schon an die hundert Jahre alt und sehr schwach. Eines Tages starben sie beide zur selben Stunde, und ihre Kinder kehrten nicht zurück. Da brach für den alten Garten eine neue Zeit an, eine unruhige und gefährliche Zeit.

Es begann damit, daß fremde Leute durch den hübschen weißen Säulenvorbau aus dem Haus traten und geradewegs die Treppe in den Garten hinabstiegen. Dort stellten sie sich auf den großen Rasenplatz und betrachteten das Haus mit geringschätziger Miene. Sie machten sich gegenseitig darauf aufmerksam, daß auf dem Dach ganze Reihen von Ziegeln fehlten und von der Terrasse ein großes Stück der Brüstung heruntergefallen war, und stießen mit dem Fuß nach einem kleinen, grauen Steinengel, der dort im Gras lag, von Brennesseln überwachsen. Dann schrieben und zeichneten sie in ihre Notizbücher, und als sie das nächste Mal kamen, steckten sie lange, rote Stäbe in die Erde. Und nun dauerte es nicht lange, da wurde das alte Herrenhaus ganz und gar zerstört. Es wurde abgerissen, und an seine Stelle wurde ein großes Mietshaus gebaut, das, noch ehe es recht trocken war, schon bezogen wurde.

Um das alte Haus niederreißen und das neue bauen zu können, hatte man ein großes Stück der Mauer abbrechen müssen, die dazu bestimmt gewesen war, die uralten Bäume des Gartens, die Rasenflächen und die altmodischen Beete zu schützen. Nun lag an der Stelle, wo die alte Landfrau ihre Rosen gepflanzt hatte, ein riesiger Schutthaufen, und eine ganze Weile lang sah es so aus, als sei dies nur ein Anfang und es würde nun Haus um Haus in den alten Garten hineingestellt werden. Aber auch jetzt kam es anders, als man gedacht hatte. Eines Tages wurde hinter dem neuen Mietshaus ein Hof gepflastert, gerade eben groß genug, daß die Einwohner ein wenig Wäsche aufhängen konnten, und zwischen Hof und Garten wurde ein Drahtzaun gespannt. Dann aber geschah dem alten Garten nichts mehr. Die Jahre kamen und gingen, und das Leben draußen veränderte sich sehr schnell. Es wurde immer lauter auf den Straßen, immer mehr Autos fuhren vorüber, und seit ein paar Jahren war sogar der Himmel voll von Gebrumm, von dem Sausen und Brausen der Flugzeuge, die über der Stadt kreisten. Aber dem alten Garten geschah nichts. Mitten in all diesem Lärm und dieser Unruhe lag er still und wie verlassen da.

Vor einigen Jahren zogen in das große Mietshaus zwei Kinder, ein Knabe und ein Mädchen, die Geschwister waren und sich von Herzen liebhatten. Sie kamen mit ihren Eltern aus dem Innern der Stadt, und die neue Wohnung gefiel ihnen vom ersten Augenblick an über alle Maßen gut. Denn obgleich das neue Haus zu dieser Zeit schon sehr schäbig und mitgenommen aussah, und jeder Regenguß und jeder Schneesturm das ihre taten, um es noch häßlicher zu machen, hatte es doch einen großen Vorzug: von den Fenstern seiner Rückseite sah man nicht auf Höfe und Hauswände, sondern gerade in den alten Garten hinein. Im Winter hing die Sonne zwischen den kahlen Zweigen und schickte ihren hellen Schein tief in die ärmlichen Zimmer, und in den Sommernächten rauschten die alten Bäume so tief und herrlich wie zu der Zeit, als hier noch das alte Herrenhaus stand.

Als die Kinder einzogen, war ein überaus strenger Winter gerade angebrochen, und sie mußten viele Wochen lang fast beständig das Zimmer hüten. Aber weil sie von ihrem Fenster aus in den alten Garten hinuntersehen konnten, wurde ihnen die Zeit nicht lang. Im Sommer werden wir unter diesen hohen Bäumen spielen, dachten sie. Wir werden uns hinter den dichten Gebüschen verstecken und im Grase liegen. Wenn der Wind im Kamin pfiff und heulte, stellten sie sich vor, wie sie sich auf den starken Ästen der Bäume wiegen würden, und während der Schnee noch unablässig fiel, sahen sie sich schon über die sommerliche Wiese laufen und spürten das heiße, stachlige Gras unter ihren nackten Füßen.

Noch niemals hatten sich die Kinder so auf den Frühling gefreut wie in diesem Jahr. Aber als sie an dem ersten schneefreien Tage hinunterliefen, um durch den Hof in den alten Garten zu gelangen, erlebten sie eine Enttäuschung. Sie sahen nämlich, daß es in dem hohen Drahtzaun gar keine Türe gab und daß er eine Reihe von häßlichen, spitzen Stacheln trug. Und wie sie nun mit den anderen Kindern des großen Hauses Bekanntschaft schlossen und sie nach dem alten Garten fragten, hörten sie über diesen einige recht sonderbare Geschichten.

Eines Tages, so hieß es, sei ein Knabe über die Mauer

geklettert und habe sich in den Garten geschlichen, um Johannisbeeren zu pflücken. Da sei ein alter Gärtner, der im Sommer jeden Morgen schon zu früher Stunde kam und bis zum Abend blieb, ganz urplötzlich vor ihm erschienen, aber nicht wie ein Mensch aus den Büschen tretend, sondern aus der Erde des Weges aufwachsend, langsam, Zoll für Zoll. Er habe nichts gesagt, aber den Knaben lange Zeit starr und schrecklich angesehen. Ein anderes Kind hatte diesen Gärtner erblickt, wie er am Abend, dreimal so groß wie ein gewöhnlicher Mensch, über die große Wiese geschritten war und die Bäume auseinandergebogen hatte, um zu sehen, ob sich kein Eindringling verberge. Und einmal hatten mehrere kleine Mädchen, die auf dem Hofe spielten, dicht hinter dem Drahtzaun etwas hinhuschen sehen wie ein altes Zwerglein, das sich bei den Wurzeln zu schaffen machte und dann plötzlich wie eine Schlange zischte und verschwand …

All diese Geschichten hatten sich unter den Kindern des großen Mietshauses fortgeerbt wie ihr halbzerbrochenes Spielzeug und ihre Schimpfworte, die als besonders ausdrucksvoll galten. Weil sie sie gehört hatten, als sie noch sehr klein waren, flößte ihnen der Garten große Angst ein. Niemals wagten sie es, über den Zaun zu klettern, und sobald sich drüben Schritte hören ließen, rannten sie eilends ins Haus.

Auch dem neu gekommenen Knaben und seiner kleinen Schwester lief bei diesen Berichten ein Schauer über den Rücken. Aber all die Schrecklichkeit des Erzählten konnte sie nicht davon abhalten, sich nach dem fremden Garten zu sehnen. Und je wärmer und schöner es wurde, je mehr Zeit verging, ohne daß sie dort Einlaß fanden, desto größer wurde ihr Verlangen.

Der Knabe war zu dieser Zeit neun Jahre alt, das Mädchen ein Jahr jünger. Obwohl die Geschwister sich so liebhatten, daß sie fast beständig beisammen waren und wenig nach anderen Freundschaften begehrten, waren sie doch von sehr verschiedener Gemütsart, und die Empfindungen, die sie für den Garten hegten, waren sehr verschieden. Der rotbäckige Knabe, der sehr ungestüm und trotzig war und der mit großer Leidenschaft viele Bücher gelesen hatte, die von merkwürdigen Entdeckungen und der Eroberung fremder Länder handelten, hatte in dem Garten von Anfang an nichts anderes gesehen als ein Land, das man erobern und beherrschen konnte. Von der luftigen Vogelschau seines Fensters zeichnete er bei Tauwetter, als alles sich schön deutlich darstellte – die Wege schwarz, die Rasenflächen noch weiß beschneit –, eine Karte, auf der viele verschlungene Pfade, mehrere kleine Hügel und ein Teich vermerkt wurden, sowie auch die höchsten Bäume und dichtesten Gebüsche. Später, als der erste, rötliche Schleier des Frühlings über den Zweigen hing, malten die Geschwister die Karte an, das Gras grün, die Wege braun, das Wasser des Teiches blau und die Beete schön bunt, und dann dachten sie sich allerhand Namen aus, um die verschiedenen Teile des Gartens zu bezeichnen. Die Landkarte, auf der nun auch alle diese Namen sorgfältig eingetragen wurden, hütete der Knabe wie einen kostbaren Schatz. Wenn er am Abend im Bett lag und die großen Bäume des Gartens vor dem Fenster rauschen hörte, stellte er sich vor, wie er eines Tages in den Garten eindringen würde. Mehrmals am Tage näherte er sich dem Zaun und betrachtete mit trotziger Miene die spitzen, rostigen Stacheln, die ihm so feindselig entgegenstarrten. Oft glaubte er dann die Schritte des alten Gärtners zu hören oder das Klirren seiner Hacke zu vernehmen. Da er ihn jedoch nie zu Gesicht bekam, im Garten nicht und auch nicht bei der kleinen, in einer Nebenstraße gelegenen Pforte, zu der er sich oft heimlich hinstahl, begann er bald mit derselben trotzigen Angriffslust, die ihn dem Garten gegenüber beseelte, an den alten wunderlichen Mann zu denken. Er war der König des so heiß begehrten Landes, war der Feind, den es zu besiegen galt. Wie das geschehen sollte, wußte der Knabe freilich nicht.

Das kleine Mädchen, dem die braunen, lockigen Haare offen auf die Schultern hingen, war sehr zart und blaß, und wenngleich der Bruder es auch an allerlei wilde Spiele frühzeitig gewöhnt hatte, war es dennoch viel weniger kriegerisch gesonnen als dieser. Wenn es allein war, liebte es sehr, mit vielerlei kleinen Dingen zu spielen und sich aus Federchen, Zweiglein und Steinchen eine winzige Welt zu bauen. In einem seiner Bilderbücher war ein bunt gemalter, fröhlicher Zug von Tieren und Frühlingsblumen, die aus der braunen Erde hervorkamen, um das Fest des Frühlings zu begehen. Alle diese hübschen Blumen und zierlichen Käfer hoffte das Kind in dem nachbarlichen Garten zu finden. Es dachte an die hübschen Beete, den kleinen, blitzenden Teich und die Spiele, die man auf der großen Wiese spielen konnte. In seinem vertrauensvollen, kleinen Herzen waren die beängstigenden Geschichten der anderen Kinder bald vergessen, und es fürchtete nur, der Frühling könnte vorübergehen, ohne daß es gelingen würde, Einlaß in den Garten zu finden.

Aber der Frühling, der eigentliche, duftende, blühende Frühling kommt in jener Stadt sehr spät. Sie liegt ja weit im Osten, und es gibt dort nicht einen, sondern sieben Winter, und noch der sechste deckt mit Eis und Schnee alle Knospen wieder zu. Im siebenten aber regnet es schon ein bißchen, und wenn der vergangen ist, kommen mit ungeheurer Eile alle Blätter, Halme und Blüten auf einmal hervor. So hingen auch in diesem Jahr, als die Osterferien lange vorüber waren und Pfingsten herannahte, die Apfelblüten noch fest an den Zweigen, während Flieder und Goldregen schon in Blüte standen. Der Jasmin begann zu duften, und bald waren die Wiesen von goldenem Löwenzahn übersät. Die Sprosser sangen unablässig in den Nächten, und eines Tages entfalteten die Kastanien ihre schönen weißen und roten Kerzen.

In dieser schönsten Zeit des Jahres geschah es, daß der Knabe eines Abends, als er sich allein im Hof aufhielt, von unbändiger Lust gepackt wurde, über den Zaun zu klettern. Ehe er sichs versah, stand er schon auf der anderen Seite im Gras und hatte sich noch nicht einmal die Hosen zerrissen. Er wandte sich um und lief über die kleine Wiese zu den blühenden Büschen hinüber, und dort fand er seinen Pfad und wanderte in den Garten hinein.

An diesem Abend sah der Knabe in dem alten Garten viele wunderliche Dinge. Er bahnte sich seinen Weg durch das modrig feuchte Dickicht, wo die Steine mit Moos bedeckt waren, und sah dicke Kröten mit goldenen Augen vor seinen Füßen hinhupfen. Dann fand er in den Büschen eine alte Schaukel und schwang sich auf das breite Brett, und die Schaukel ächzte und stöhnte so sehr, daß er sich fürchtete und herabsprang. Bald vernahm er ein anderes sonderbares Geräusch, das, einer klagenden Stimme gleich, aus einem Baumwipfel herdrang, und entdeckte eine Harfe, welche in der Krone einer alten Eiche angebracht war und bei jedem Windstoß zu klingen begann. Endlich trat er aus der Wildnis dornenumschlungener Büsche unvermutet ins Freie, und dort blieb er stehen und stieß einen Ruf der Überraschung aus.

Obwohl es schon spät und nicht mehr recht hell war, sah er doch ganz deutlich, daß das Stück des Gartens, das da vor ihm lag, auf das sorgfältigste gepflegt und in Ordnung gehalten war. Denn hier waren die Wege säuberlich geharkt und die niederen, immergrünen Hecken, welche die Beete einfaßten, schön kunstvoll beschnitten, ja, es waren aus dem Wuchs allerhand Figuren geformt, eine Henne, die brütet, ein Zwerg mit spitzer Mütze und sogar ein ganzes Schloß mit Zinnen und Türmen. Auf den Beeten wuchsen und blühten eine Anzahl von schönen Frühlingsblumen, und zwischen ihnen steckten auf langen Stäben große silberne und goldene Kugeln, in welchen sich die Abendsonne wie ein kleiner, roter Luftballon spiegelte. In der Mitte dieses schönen Blumengartens stand auf einer kleinen Anhöhe eine mächtige, alte Buche, um deren Stamm eine weiße Holzbank lief, und nicht weit davon breitete sich ein kleiner, von Schilf und blühenden Iris eingefaßter Teich inmitten eines sanften Rasens aus. Als der Knabe sich dem Wasser näherte, kamen von allen Seiten Fische angeschwommen, gerade als seien sie gewohnt, von Menschen gefüttert zu werden. Auch ein schwarzer wilder Schwan ruderte langsam und majestätisch auf den Eindringling zu und schien ihn mit Erstaunen zu betrachten.

So rasch, so unvermutet war der Knabe an das Ziel seiner Wünsche gelangt, daß ihm war, als träume er. Gerade in dem Augenblick, als er sich zum Wasser niederbeugte, hörte er die Stimme seiner Mutter und lief eilends zurück, aus Angst, man könnte sein Geheimnis entdecken.

Julia Strauß

EINPFLANZEN!

Wird es April, lehne ich unweigerlich an meinem Zaun, starre
auf das verfluchte Rechteck und nehme mir mit
aller Kraft vor, dieses Mal nichts darauf zu pflanzen.
Arthur Miller

VOM GÄRTNERN

Wir sind uns sicher: Gärtner sind bessere Menschen. Wer jahrelang Pflänzchen gehegt, Unkraut gejätet und beim Säen, Gießen und Ernten den Lauf der Jahreszeiten verfolgt hat, der hat meist eine bewundernswerte Gelassenheit. Erdung! Das Wühlen im Beet lässt Probleme vergessen und bietet als Belohnung die Gewissheit, mit den eigenen Händen ein Tagwerk vollbracht zu haben und irgendwann vielleicht etwas für die eigene Küche mitnehmen zu können. Ein Garten macht Mühe und Rückenschmerzen, verlangt Geduld, Frustrationstoleranz und Kreativität – aber, hurra, alles an der frischen Luft.

Nun hat nicht jeder einen Bauerngarten oder ein Landgut, was uns zur neuesten Entwicklung in Sachen Garten führt: Zum *Urban* und in verschärfter Form zum *Guerilla Gardening*. In vielen Städten gibt es heute Gemeinschaftsgärten, solidarisch bepflanzte Brachflächen, Dachgärten und gerade bei jüngeren Städtern die Erkenntnis, dass ein Balkon mehr ist als eine Ablagefläche für Bierkästen. Die Lust am Einpflanzen ist mehrheitsfähig geworden und egal ob Garten, Balkon, Ackerstreifen oder Fensterbrett: Jeder Flecken Erde sieht besser aus, wenn aus ihm eine Blume oder ein bisschen Petersilie wächst!

An einem Wochenende kann man viel einpflanzen, Samentütchen gibt es in jedem Supermarkt. Mit Erde, ein paar Töpfen und Kästen lässt sich einfach ausprobieren, ob man den Tütcheninhalt so aufs Beet bekommt, wie es einem das Bild verspricht. Schon die Vorfreude ist ein wichtiger Teil des Gärtnerns, und die Fantasie wächst schneller als jedes Pflänzchen. Verwandeln Sie Ihren Balkon mit einem Sommerflieder in eine Schmetterlingsoase oder pflanzen Sie gleich eine Allee, auf die noch Ihre Urenkel stolz sind. Vielleicht auch nur ein Mini-Küchengarten auf dem Fensterbrett? In diesem Sinne: Auf die Knie! (Aber Kissen unterlegen.)

Tom Hodgkinson

SÄE AUS

Im März und im April, vom Morgen bis zum Abend,
am Säen und Setzen, die Hausfrauen sich labend:
Sie richten den Garten oder ein andres Stück Land,
um Haus und Küche zu bestellen mit flinker Hand.

Thomas Tusser

Sobald man den Boden vorbereitet hat, ist es Zeit, deine Samen im Garten auszusäen. Die mittelalterlichen Gärten, zumindest die europäischen, schienen ein Hochbeetsystem zu verwenden, ein Beet pro Nutzpflanze, wobei oft ein kleiner Baum in der Mitte stand.

Im Garten wurden auch viele verschiedene Kräuter angepflanzt. Tussers lange Liste mit Saaten und Kräutern für die Küche – er erwähnt über vierzig – weist darauf hin, dass die Kochkunst der Tudor-Zeit und des späten Mittelalters außerordentlich würzig war. Noch einmal so lang ist seine Liste mit »Kräutern, Zweigen und Blumen für Fenster und Töpfe« (die Aufstellung enthält auch die herrliche Bezeichnung der Tudor-Zeit für Narzissen: »Daffondondillies«, die im heutigen Englisch »daffodils« heißen). Und seine Liste mit »erforderlichen Kräutern zum Abführen, die man im Garten anbauen muss«, führt auch solche Exoten wie den Kreuzkümmel auf. In der alten Welt lieferte der Garten Medizin und Nahrung, und die Trennung zwischen beidem wurde nicht annähernd so scharf vorgenommen wie heute.

DIE BEDEUTUNG VON SCHUTZMASSNAHMEN

Thomas Tusser warnt, dass man die Sämlinge, sobald sie ihr Wachstum aufgenommen haben, gegen ihre Feinde wie den Wind, Katzen oder Hühner schützen muss:

> Was immer du pflanzest, ob groß oder klein,
> beschütz es vor Wind, Vögeln und Tieren gar fein.
> Im Schutz kann's gedeihen, sonst ist alles perdu,
> die Zeit und die Kosten und all deine Müh.

O Tusser, ich wünschte, ich hätte diese weisen Worte in einem früheren Stadium meiner Laufbahn als Gemüseanbauer gelesen! Wie oft habe ich meine mangelnde Vorsorge verflucht, weil ich wieder einmal alles verloren hatte! Im vergangenen Jahr brach das Gartentor in sich zusammen. Das Pony kam hereinspaziert und aß alles auf, einschließlich meines halb herangewachsenen Kopfsalats und der Kohlpflanzen. Dann zertrampelte es die Hochbeete, hinterließ zwei Haufen dampfenden, unverrotteten Dungs und marschierte wieder hinaus. Es war niederschmetternd.

Auch der Wind richtete Schaden bei mir an, indem er die Bohnen und die hohen Erbsen umriss. Aus Faulheit hatte ich mich um keinerlei Windschutz gekümmert. Das war dumm, denn es ist allgemein bekannt, dass vom Wind ramponierte Pflanzen weniger Ertrag liefern. Im vergangenen Jahr habe ich es zudem versäumt, meine jungen Sämlinge zu schützen, und die Hühner pickten sich zum Gemüsebeet vor und verspeisten sie. Die Katzen räkelten sich auf der frisch umgegrabenen Erde und zerdrückten alles. – So viel zerstört, und das nur, weil ich nicht das bisschen nötige Vorsorge traf.

Dieses Jahr habe ich die Katzen durch ausgelegte Hagedornzweige abgeschreckt und die Hühner durch Maschendraht ferngehalten, einen Drahtzaun um die Saubohnen gezogen und kleine Windschutze um den Kohl und den Kopfsalat errichtet. Ich habe auch biologisches Schneckenkorn ausgelegt und plane, Begleitpflanzen anzubauen; zum Beispiel will ich Rucola und Petersilie kreisförmig als Barriere für die Schnecken um meinen Salat pflanzen. Vielleicht hebe ich als zusätzliche Abschreckung auch einen Graben rings um das Beet aus und fülle ihn mit Salz. Ich habe außerdem vor, mit Bier gefüllte Näpfe hinzustellen, damit sie nachts darin ertrinken, und ich werde abends mit einer Schere bewaffnet zum Beet gehen und alle vernichten, die ich finde. Schnecken sind wirklich die abscheulichsten Kreaturen in der Galaxie, und ich bezweifle, dass irgendjemand, und sei es der überzeugteste vegane Buddhist, ihnen Zuneigung oder Mitgefühl entgegenbringt.

HALTE DEINEN GARTEN SCHÖN ORDENTLICH

In ihrem Buch *Medieval Gardens* betont Sylvia Lansberg, dass die früheren Gärten das Nützliche mit dem Angenehmen verbanden. Auf den Kalendarienbildern sieht man Liebespaare an gepflegten Gemüsegärten entlangschlendern und Pfaue auf den Zäunen sitzen. *Les Très Riches Heures du Duc de Berry*, das fantastisch kunstvolle Stundenbuch aus dem frühen 15. Jahrhundert, enthält eine Darstellung, auf der gleichzeitig mit Ochsen gepflügt, gepflanzt und gesät wird. Die Gärten auf mittelalterlichen Bildern wirken immer außerordentlich gut gepflegt und sehr schön.

Dieses Jahr habe ich versucht, meinen Garten ebenfalls schön ordentlich aussehen zu lassen. Denn je unordentlicher er aussieht, desto weniger gern mag man meiner Erfahrung nach in ihm arbeiten und steckt damit in einem Teufelskreis. Dieses Mal habe ich beim Auspflanzen sogar eine zwischen zwei Stöcke gespannte Schnur als Hilfslinie verwendet, so dass das Gemüse in hübschen geraden Reihen statt wie vorher in wackligen Linien wächst. So hoffe ich, dass alles schön und »adrett« bleibt – ein anmutiges Wort, das in der Tudor-Zeit verwendet wurde –, ganz wie in dem reizenden Reimpaar von Tusser:

> Raffiniert mit Pflanzstock, Harke, Hacke und Spaten
> schaffst du einen adrett aufgereihten, ebenen Garten.

Die früheren Experten waren sich alle darin einig, dass

man sein ganz speziell beschaffenes Beet genau untersuchen muss, um zu bestimmen, was dort wachsen kann und was nicht. Der Boden, die Lage, ob windgeschützt oder nicht, was früher angebaut wurde, was in der Umgebung wächst, die Wetterbedingungen – all dies entscheidet darüber, was man säen und pflanzen kann – und wann. Dazu erneut Tusser:

> Die richt'ge Zeit und Saison musst treffen du,
> dann helfen dir Luft und Boden im Nu.

Mit »Luft« sind das Wetter und die klimatischen Bedingungen gemeint und mit »Boden« die Beschaffenheit der Erde sowie ihre Zusammensetzung. Die jeweilige Bodenbeschaffenheit variiert heftig, ebenso wie die Wetterverhältnisse. Was in dem einen Garten funktioniert, scheitert in einem anderen. Diesen Punkt unterstreicht auch Vergil im ersten Band seiner *Georgica*:

> *Ac prius ignotum ferro quam scindimus aequor,*
> *ventos et varium caeli praediscere morem*
> *cura sit ac patrios cultusque habitusque locorum*
> *et quid quaeque ferat regio et quid quaeque recuset.*
> *Hic segetes, illic veniunt felicius uvae.*

(Doch nicht spalte mit Eisen ein unbekanntes Gefilde, eh du die Winde und die sich ändernde Weise des Himmels nicht genau kennengelernt hast, auch die geerbte Natur und Pflege der Böden. Was dir jeglicher Boden gewährt, was jeglicher weigert. Hier steigt üppig die Saat, dort heben sich schwellende Trauben.)

Vergil mahnt auch, dass man kontinuierlich im Garten arbeiten muss:

Quod nisi et adsiduis herbam insectabere rastris
et sonitu terrebis aves et ruris opaci
falce premes umbra votisque vocaveris imbrem,
heu magnum alterius frustra spectabis acervum.

(Wenn nicht beständig das Unkraut von jätender Hacke verfolgt wird, nicht ein Geräusch die Vögel verscheucht und die Hippe die schattenwerfenden Zweige bezähmt und Gebete herbeirufen den Regen, ach, dann schaust du umsonst auf die reiche Ernte des sorgsameren Nachbarn.)

DAS GOLDENE ZEITALTER

In seinem Lehrgedicht *Werke und Tage* beschwört Hesiod ähnlich wie Vergil ein Leben frei von Arbeit in einem Goldenen Zeitalter – mystischen, von Muße geprägten vergangenen Zeiten der Menschheit vor Beginn der Zivilisation. Dabei handelt es sich gewissermaßen um eine griechische Version des bekannten Vagabundenlieds »Big Rock Candy Mountain«, um einen heidnischen Garten Eden:

… keines der Güter
Missten sie; Frucht gab ihnen das nahrungsspendende
Saatland
Gern von selbst und in Hülle und Fülle …

Offenbar versuchen wir seit mindestens 2700 Jahren, diesen paradiesischen Zustand wieder zu erreichen, aber aller Erfindungsreichtum des Menschen auf dem Gebiet des technologischen Fortschritts hat nichts daran geändert, dass unser Leben noch immer von unermüdlicher Plackerei, Neid und Mangel beherrscht wird. Meine Antwort auf dieses Problem besteht darin, die Arbeit im Garten zu genießen und ihr mäßig, aber regelmäßig nachzugehen. Eine oder zwei Stunden pro Tag sollten ausreichen, sich sein eigenes kleines Fleckchen fruchtbaren Paradieses zu erschaffen. Es schenkt einem eine tiefe Befriedigung, die Früchte seiner Arbeit zu sehen und zu kosten. Auf die Arbeit folgt das Vergnügen. Am Ende der Plackerei steht ein Fest.

Dein Garten ist ein Ort der Besinnung. Der Kleinbauernhof wird von Vergil im zweiten Band der *Georgica* als Rückzugsort vor dem unruhigen Treiben in der Stadt gepriesen:

Quos rami fructus, quos ipsa volentia rura
sponte tulere sua, carpsit …

(Was sein Baum ihm an Frucht und sein Acker ihm willig erbrachte, das sammelt er ein …)

Die Sorgen und Nöte der Welt weichen zurück und erscheinen unwichtig, während ich hier stehe, jetzt, mit dieser Hacke in der Hand, die Sonne auf meinem Rücken und die Erde unter meinen Fingernägeln (es sei denn, ich habe daran gedacht, meine Gartenhandschuhe anzuziehen). Es ist sicher möglich, sich dieses epikureische Gefühl des Unbehelligtseins zu verschaffen. (Einer der stärksten Einflüsse auf Vergil ging von seinem Lehrer aus, dem epikureischen Philosophen Siro.) Auch heute kann man Epikureer sein: Zieh einfach den Stecker deines Fernsehers raus, kappe die Breitbandverbindung und kündige deine Zeitungsabos.

Permanent wird uns von den anmaßenden, von sich selbst überzeugten Technokraten eingeredet, dass wir uns glücklich preisen können, in einem Zeitalter der rasend schnellen elektronischen Kommunikation zu leben, weil »Information« doch etwas Gutes sei. Aber Information bedeutet nicht Wissen, meinte David Hockney, als ich ihn dazu befragte, und über die *Qualität* der Information bekommen wir deutlich weniger zu hören. Ich finde die Qualität von Fernsehsendungen fast immer extrem dürftig und nicht valide und bin regelmäßig enttäuscht und deprimiert, wenn ich vor dem Fernseher gesessen habe.

Dagegen bringt's das Gärtnern wirklich. Es ist wohltuend, nützlich und schön. Es erfüllt Geist, Körper und Seele. Sich einen eigenen Garten zu erschaffen ist die höchste aller Freuden. Das Fazit von Voltaires Kurzroman *Candide* lautet: *»Il faut cultiver notre jardin«* – man soll seinen Garten bestellen. Wir sind vielleicht aus dem Paradies geworfen worden, aber wir verfügen immer noch über die Fähigkeit, uns unser eigenes Paradies zu erschaffen.

PRAKTISCHE HINWEISE

Der Gemüsegarten muss so nahe wie möglich an der Küchentür liegen. Je dichter an der Küche die Pflanzen wachsen, desto wahrscheinlicher ist es, dass sie gut versorgt werden. Saaten können auf Tabletts oder flachen Schalen auf der Fensterbank oder im Gewächshaus vorgezogen werden, und sobald die Setzlinge groß genug sind, kann man sie draußen einpflanzen. Man kann aber auch kleine Pflanzen im Geschäft kaufen, ohne sich schämen zu müssen. Viele überzeugte Gärtner kaufen Setzlinge von den Profis, statt die Mühe auf sich zu nehmen, alles vom Samen an selbst hochzuziehen. In der vergangenen Woche habe ich auf dem Markt vierundzwanzig kleine Salatpflanzen von einem vergnügten Kleinanbieter gekauft, und sie waren bereits so weit, dass man sie sofort nach draußen pflanzen konnte. Wie viel Arbeit das gespart hat! Rucola und Kerbel säe ich überall aus, in Töpfen und draußen in die Erde. Solange man die Schnecken von ihm fernhält, ist auch Salat einfach zu ziehen. (Ich habe festgestellt, dass die einzige funktionierende Schutzmaßnahme offenbar darin besteht, eine dicke Schicht mit Eierschalen um die Stiele der jungen Pflanzen zu legen.)

Für den sparsamen Haushaltsvorstand ist der Anbau von

Salat äußerst sinnvoll, weil es teuer ist, ihn zu kaufen. Ganz anders ist es mit der Kartoffel, die eine Menge Platz im Gemüsegarten verlangt, überraschend viele Probleme bereiten kann, da sie offenbar anfällig für Krankheiten ist, und eine Menge Nachdenken und Arbeit erfordert: vorsprossen lassen, pflanzen, düngen, Erde anhäufeln, vor Krankheiten schützen. Wenn man die Kartoffeln schließlich ausgräbt, sind sie oft mit Fraßlöchern übersät. Und sie sind sehr billig zu kaufen, so dass das ganze Theater unsinnig ist. Andererseits bereitet es großes Vergnügen, sie auszugraben, und insbesondere frisch geerntete Kartoffeln schmecken weit besser als alle, die man kaufen kann. Inzwischen bin ich dazu übergegangen, eine Fuhre First Earlies anzupflanzen, leichte Salatkartoffeln, und dabei belasse ich es.

Auch der Anbau von Zwiebeln lohnt nicht wirklich: In der Küche braucht man viele, aber sie belegen auch viel Platz auf deinem Beet, und man kann sie billig kaufen. Und kannst du einen Unterschied zwischen einer im Laden gekauften Zwiebel und einem selbst gezogenen Allium feststellen? Vermutlich nicht.

Hingegen sind selbst angebaute Erbsen, Bohnen, Salatpflanzen und Kräuter tatsächlich viel leckerer als die gekauften. Genauso ist es mit Wurzelgemüse wie Pastinaken, Rüben, Rote Bete und Karotten sowie mit Grünkohl, Weißkohl und Broccoli.

Ein beliebtes Gemüse, mit dem ich mich derzeit befasse, sind die Tomaten. Wieder haben wir es mit einer außerordentlich arbeitsintensiven Nutzpflanze zu tun, die anfällig für Krankheiten ist und viel Wärme und Aufmerksamkeit verlangt. Ich bin im Laufe der Jahre durchweg damit gescheitert, eine gute Tomatenernte zu erzielen, obwohl ich sie mit Stangen gestützt, festgebunden, gehegt und ihre Seitentriebe abgekniffen habe. Und ich mag Tomaten noch nicht einmal besonders. Ich glaube, es ist besser, ihren Anbau den Profis zu überlassen, vor allem, wenn du Anfänger bist. Die Versuchung für einen Anfänger ist groß, viele unterschiedliche Gemüsearten anzubauen, während es sinnvoll wäre, sich auf die Aussaat von vielleicht zehn Samentüten zu beschränken.

Saubohnen lassen sich sehr leicht anbauen, und gute kann man nicht in den Läden kaufen. Im vergangenen Jahr hatten wir vierzig Pflanzen und dieses Jahr rund achtzig. Erbsen sind ebenfalls die reine Freude. Es gibt eine riesige Auswahl von Sorten, von der turmhohen Alderman oder der Telephone bis zur niedrigen Kelvedon Wonder. Sie sollten alle zwei bis drei Wochen gesät und können ziemlich früh gepflanzt werden. In diesem Jahr habe ich bis zur ersten Aprilwoche gewartet, weil es so kalt war. Direkt aus der Schote entnommen, sind sie süß und köstlich, müssen kaum gekocht werden und lassen sich mit allem kombinieren. Kinder lieben sie, weil sie so etwas wie natürliche M&Ms sind.

Ich habe auch versucht, French Blend anzupflanzen, eine Mischung unter anderem von Senfpflanzen, Kerbel und Rucola, deren Blätter man dann kombiniert. Aber ich kann dies nicht empfehlen, weil meist eine Pflanze die

Oberhand gewinnt. Radieschen sind einfach: Sie wachsen schnell und überall. Ich habe immer eine Schüssel davon zum Knabbern auf dem Küchentisch stehen. In diesem Jahr habe ich drei meiner Radieschen auswachsen lassen, und sie bildeten wunderschöne Blüten auf einer großen, sich ausbreitenden Pflanze. Aus ihnen entstanden Samenhülsen, die aussahen wie kleine Erntemesser. Ich habe die Samen eingesammelt und werde sie im nächsten Jahr aussäen.

Säe jede Woche! Säe immer wieder! Bewahre deine Samen in einer leeren Keksdose auf. Säe Rote Bete, Meerkohl und Mangold. Lies abends eines der vielen Gartenbücher. Schon 1563 bemerkte Thomas Hyll, es gebe endlos viele Gartenbücher, und das trifft bis heute zu. Die Titel sind nicht immer sonderlich einfallsreich. Mein bisheriger Lieblingsratgeber war *Grow Your Own Fruit and Vegetables* von Lawrence D. Hills, dem großen Biogärtner, aber mein neuer Favorit ist *Grow Your Own Vegetables* von Joy Larkcom.

Zu guter Letzt möchte ich noch die Kapuzinerkresse empfehlen. Sie wächst überall, sieht schön aus, und man kann die Blätter und Blüten im Salat essen. Ihre Samen kann man ebenfalls ernten: Tu sie in ein Marmeladenglas, bedecke sie mit einem guten Essig, und ein paar Monate später hast du einen sehr passablen Kapernersatz.

Robert Walser

GÄRTEN

Prächtige Gärten, die irgendwo sind, und unscheinbare Gärtchen, deren es viele gibt, ähneln einander und sind wieder anders, und in bezug auf die Freude an allem dem käme es immer auf Ausgeglichenheiten, ich meine, auf die Fähigkeit an, zu vermeiden, sich im Grünen, das bald dichter und dunkler, bald loser und heller ist, Verstimmungen zu holen. Gärten laden dich zur Vergnügtheit, zum Spielen, zum Sitzen auf einer Bank oder in einem Schaukelstuhl ein, wobei es vorkommen kann, daß das Schöne und Angenehme ermüdet. Anderseits sehnen sich gerade Müde nach dem lispelnden Erfrischenden, dem Wohnen in gartenumgebenen Häusern, worin die Stuben voll Licht und Klarheit sind. Eines Tages trat ich in Gesellschaft von allerlei Menschen in ein entzückendes Gartenhaus, das sich mitten in einer Fülle von Blumen befand, und das Gemächer niedlichen Formates enthielt, deren Wände wieder nur mit Gartenszenerien geziert waren. Lange, schlanke Alleen durchwandern sich beispielsweise an einem frühen Morgen wie etwas Seltsam-Einsames, das ebenso gewinnend ist, wie es uns hoffen macht, man dürfe glauben, eines Abends habe in einem Park eine jugendliche Erzieherin zu sprechen Anlaß gefunden: »Nähern Sie sich nur, bitte, nicht zu sehr, Herr!« Wie haben da Augen jubiliert und sind Vöglein, die die Umgebung bevölkerten, herbeizufunkeln oder eigentlich schon eher zu flattern gekommen. Eines empfindsam aufwachsenden Knaben gefühlvolle Frau Mama wünschte ihr Leben lang, Mietshäuser bewohnend, sie käme einmal in einen Garten und wohne von nun an da, wo aber doch auch Sorgen, Mißhelligkeiten vorhanden sein können. Am interessantesten und schönsten sind vielleicht die von begabten Romanautoren beschriebenen Gärten in den Büchern. In die wirklichen Gärten begleiten uns unsere Wirklichkeiten, die uns nicht immer erquikken; das Leben mit seinen mannigfaltigen Anforderungen steht vor dir, wenn du dich in einem Gartenhäuschen mild vergessen möchtest und, als störte dich etwas, entgleitet deinen Lippen ein »Ach«. Nun hat die Gartenkunst gewiß ihre Geschichte, und die andere anmutige Kunst, die Häuserherstellung, nicht minder; und man nimmt mit einer gewissen Berechtigung an, daß ein Garten, der wenig Schatten aufweist, gesünder, gewissermaßen vernünftiger, harmonischer sei als ein sonnenscheinfernhaltender, wo die Bäume das Haus mitunter vollständig zudecken. In meiner Jugendzeit hatten hohe Gartenmauern etwas Gedankliches für mich. So eine Umzäunung sieht eben ganz einfach aus, als sähe man einen alten Diener in steinerner Livree, der herrschaftliches Eigentum bewache. Früher scheinen häufig schöne Frauen mit einer Art von Selbstverständlichkeit in Jagd- und sonstigen Schlößchen gewohnt zu haben, wo sie dem allmählichen Altern entgegengingen. Gewisse Gärten haben ein junges, andere ein Vergangenheitsaussehen; Gärten aus der Zopfzeit kommen einem märchenhaft vor. Mich in das Gebiet meiner Erinnerungen begebend, wurde mir einst der Vorschlag gemacht, ein reizend gelegenes Gartenzimmer zu beziehen, damit ich da Tag und Nacht dichte, eine Zumutung, wozu ich ja sagte. Machte nicht auf einer seiner Reisen ein Lyriker von Rang bei glücklicher Gelegenheit eine anziehende Gartenbewohnerinnenbekanntschaft? Falls ich, was mir unwillkürlich einfällt, erwähnen darf, so sind Naturgärten theatralisch, wogegen Bühnengärten Natürlichkeit vorzutäuschen bestimmt sind. Herrlich in Gold und Grün schwebt mir das Parkbild vor, worin es zwischen der edlen Amalia und dem scheinbar weniger edlen und feinfühlenden Moorensohn zur beifallsauslösenden Unterhaltung kam.

Das Leben läßt die Gärten und die Gedanken, die man darin hat, die Spiele, die man in ihnen spielt, die Erholungen, die mit dem Grün, diesem idealistisch berührenden Luxus, verbunden sind, indem es uns zu tändeln gestattet, ernsthaft zu.

Paula Almqvist

VOM GARTENLEBEN

Ich habe ihn gehasst mit aller Inbrunst meiner Teenie-Seele. Meiner Schwester, mit der mich damals sonst wenig verband, ging es genauso. Das einzig Gute am Garten, darin waren wir uns einig, war der Schuppen, wo man heimlich rauchen konnte. Der Rest war Zumutung: Löwenzahn stechen. Lilienhähnchen absammeln. Stachelbeeren pflücken. Zur Krise führte das Ansinnen, im Reitverein Pferdeäpfel aufzulesen. Als Rosskur für die kränkelnde Mme Isaac Pereire, Opas liebste Bourbon-Rose. Da haben wir offen gemeutert. Welcher gute Typ hätte uns noch zu einer Cola mit zwei Halmen eingeladen, wenn wir bei so einer spießigen Kleingärtnertat ertappt worden wären?

In meiner Familie hatten fast alle den Gartenbazillus, aber ich schwor mir, der Vererbungslehre und der Ansteckung zu trotzen. Nur arme Irre verbrachten ihre Freizeit damit, in feuchter Erde zu pusseln, Regenwürmer zu duzen, vom Tau auf den Frauenmantelblättern zu schwärmen und vom Duft der Dichternarzissen.

Wie und wann ich mich dann doch angesteckt habe, kann ich gar nicht so genau sagen. Es fing an mit einer neuen Wohnung, Erdgeschoss, mit einem Stück verhungerten Rasens nach hinten raus. Kein schöner Anblick. Da musste man was unternehmen. Ich begann mit den üblichen Fehlern und Geschmacklosigkeiten. Ich kaufte ein klitzekleines Schäufelchen und grub ein paar Stiefmütterchen und Geranien ein. Nun sah es aus wie ein Hundegrab, fand mein Mann.

Das wollte ich nicht auf mir sitzen lassen. Ich las also über Kompost und Kamelien, übers Pikieren, Vertikutieren und Okulieren, über Nachtschattengewächse und Tageslichtkeimer – insgesamt viel überflüssiges Zeug angesichts der Tatsache, dass ich mal grade hundert Quadratmeter gemieteten Hinterhof zu bestellen hatte. Dass es dabei nicht blieb, sondern dass ich bald so heftige Gelüste nach einem echten, eigenen Garten bekam, wie ich sie zuvor nur beim Anblick von einem Paar Prada-Pumps gekannt hatte – das konnte ich mir erst erklären, als mir ein würdiger Engländer, dessen wunderbare Rabatten ich besichtigte, seine Lebensweisheit anvertraute: »Garten ist eine Krankheit der zweiten Lebenshälfte.«

Das Gartenfieber ist so ähnlich wie die berühmten Kinderkrankheiten – es macht immun. Gegen allerhand Widrigkeiten. Denn so ein Fleckchen Grün im grauen Alltag tröstet wunderbar, wenn ansonsten nicht alle Blütenträume reifen. Man kann sich mit einem Garten über Lebenskatastrophen hinwegretten wie die Malerin Gertrude Jekyll, die aufgrund fortschreitender Erblindung die Palette mit der Harke vertauschte und zu einer eminenten Gartengestalterin wurde. Vita Sackville-West therapierte ihr verkorkstes Liebesleben mit der Anlage von Sissinghurst und ist heute als Dichterin langatmiger Poeme fast vergessen, nicht aber als Schöpferin eines blühenden Gesamtkunstwerks. Germaine Greer erholte sich vom Frust der Emanzipationskämpfe, indem sie – unter dem Pseudonym Rose Blight – mit Liebe und Humor über ihren Garten schrieb.

Übrigens habe auch ich (außer einem zumindest gelegentlich vorzeigbaren Garten) Kinder in die Welt gesetzt, die Gartenarbeit verabscheuen. Die sich hinter meinem Rücken an die Stirn tippen, wenn ich darauf bestehe, meine zarten Pflänzchen mit der Gießkanne und abgestandenem Wasser zu brausen, statt ratzfatz mit dem Schlauch. Die mich für hoffnungslos uncool halten, wenn ich an einem Maiwochenende nicht nach Berlin fahren will, weil ich genau weiß, dass am Sonntag meine spektakulärste Baumpäonie ihre leider kurzlebigen Blüten öffnen wird.

Als raffinierter Laien-Pädagoge belästige ich meine Kinder natürlich nicht mit dem ungebetenen Schatz meiner Erfahrungen. Ich habe ihnen noch nicht gesagt, dass die Rührung beim Anblick der ersten Schneeglöckchen oder das naive Glück der ersten eigenen Kartoffelernte auch sie wahrscheinlich ebenso überraschend heimsuchen wird wie das erste graue Haar. Weil das der Zeitpunkt ist, wo ein Garten eine ganz neue Farbe und Glanzlichter ins Leben bringt.

Luzie Krolow

MAI

Solch ein strahlender Maientag erinnert an Kindertage. »Grüß Gott, du schöner Maien / nun bist du wieder hier / tust Jung und Alt erfreuen / mit deiner Blumenzier ...« Solch ein Erster Mai ist heute, viel zu schön, als daß es so bleiben könnte. Wohin ich auch sehe, es leuchtet rosa. Die Japankirschen blühen. In allen Himmelsrichtungen blühen sie, in meinem Garten, in den Nachbargärten, im Park. Ich bin so verliebt in die japanischen Blütenkirschen, daß ich mir gleich zwei in den Garten gesetzt habe. Der eine Baum steht auf der Nordseite, der andere auf der Südseite mitten im Rasen. In der Blütezeit beherrschen sie das Gartenbild. Es gibt viele Sorten von japanischen Blütenkirschen, doch wird eine Sorte bevorzugt angepflanzt, nämlich *Prunus serrulata* ›Kanzan‹, auch ›Hisakura‹ genannt. Ein Baum, der sechs Meter hoch wird, starr aufrecht mit breiter Krone. Die Blüten sind von einmaliger Schönheit. Leuchtend dunkelrosa, röschenartig gefüllt und in Büscheln herabhängend. Bei günstigem Wetter blüht die ›Kanzan‹ zwei Wochen, länger als die anderen Sorten. In Japan ist die Blütenkirsche eine Nationalblume. Ganz Japan ist auf den Beinen, um die Kirschblüte in den Anlagen zu feiern. Die Kirschbäume sind in Japan schon vor tausend Jahren gezüchtet worden. Ihre Blüte ist so verschwenderisch und vollkommen, daß sie dafür zahlen müssen, sie setzen keine

Früchte an, sie werden nur der Blüten wegen angepflanzt. An den Boden stellen sie keine Ansprüche, bevorzugen aber sonnige Lagen. Doch sind sie anfällig gegen Krankheiten, wie Gummifluß und Rindenbrand, das sieht man besonders bei alten Bäumen, wie im Park. Ein hohes Alter erreichen diese Blütenkirschen nicht, vielleicht werden sie fünfzig Jahre, mehr nicht. Alle Japankirschen sind empfindlich gegen Nachtfröste. Wenn die Blüte in den Frost gerät, ist es mit dem Kirschtraum vorbei. Diesmal geht das Blühen schnell. Die strahlenden Sommertage Anfang Mai lassen alle Knospen auf einmal aufgehen, es ist ein wahrer Rausch. Doch das ist keine Maienwärme, sondern Sommerhitze. Nach dem dritten heißen Tag kommt der Wetterumschwung. Von 27 Grad fällt das Thermometer auf 7 Grad herunter, und es gibt kalten Regen. Das schöne Leuchten ist vorbei, die Blüten verblassen.

Der Kirschenrausch hat alles andere im Garten verdrängt. Jetzt wird es Zeit, daß ich die Rhododendronanlage anschaue. Da steht zunächst *Pieris japonica*, kein Rhododendrongewächs, sie gehört jedoch in eine Rhododendronpflanzung. Es ist ein überaus anmutiger, immergrüner Blütenstrauch. Die Blätter sind glänzend grün, im Austrieb bronzefarben, und unzählige Rispen mit maiglöckchenartigen, kleinen, leicht duftenden Blüten schmücken den bis zwei Meter hoch werdenden Strauch. Die *Pieris*, auch *Andromeda* genannt oder Lavendelheide, protzt nicht. Sie will aus der Nähe bewundert werden. Ihre schönen creme-weißen Blüten sind wie ein Perlenschmuck. Die *Pieris* wünscht den gleichen Boden wie Rhododendron, einen etwas schattigen Platz, ohne Frühjahrseinstrahlung der Sonne. Sie blüht ungemein lange, meist von Ende Februar bis Anfang Mai. Auch sie hat sich in diesem Jahr verspätet und ist nun voll aufgeblüht mit erstem Rhododendron. Und da steht ein erstes aufgeblühtes Wildrhododendron, *Rhododendron williamsianum*. Nachdem *Rhododendron praecox* eingegangen ist, ist *Rhododendron williamsianum* das erste blühende ›Rhodo‹. Es ist eine außergewöhnlich schöne Wildart, die aus dem Himalaja kommt. Die Blätter sind eirund, im Austrieb kupferfarben, und die großen rosa Blütenglocken, zwei, drei zusammen hängend, sind auffallend schön. Sein Wuchs ist kugelig rund, wie schon die Blätter. Es ist eine der interessantesten Wildarten, ist aber sehr frostempfindlich. Schon der Blüte wegen sollte man sich dies Rhododendron zulegen. Allerdings bekommt man diese Sorten nur in den besten Rhododendron-Kulturen Oldenburgs, und hier muß man den großen Züchter Diedrich G. Hobbie aus Linswege erwähnen. Neben dem rosa aufgeblühten *Rhododendron williamsianum* steht ein in leuchtendem Blau aufgeblühter Busch. Es ist *Rhododendron impeditum* ›Blue Tit‹. Allein schon diese prachtvolle leuchtend himmelblaue Farbe ist liebenswert. Auch ›Blue Tit‹ wächst rundlich, kissenförmig, hat immergrüne kleine Blätter, die im Winter etwas bräunlich werden, ist aber keineswegs frostempfindlich. Wenn der Strauch blüht, sieht man nichts von den Blättern, nur blaue Blütenbüschel. Dahinter steht noch ein frühblühender *Rhododendron*-Hybride mit weißen, leicht rosa getönten Blüten. Rosa, Blau, Weiß, das ist ein schöner Dreiklang. Am Rande blüht die erste sommergrüne *Azalea* ›Orange Beauty‹. Wenn sie voll erblüht ist, ist das ein einziger Farbenschrei. Während *Rhododendron williamsianum* die große Hitze schlecht vertragen hat und rasch welkte, blüht die *Azalea* nach Hitze, Kälte, Regen unentwegt einen Monat lang, die riesigen orange-roten Blüten leuchten noch in der Dämmerung. Im letzten Quartal des Monats Mai entfalten sich auch die großen *Rhododendron*-Hybriden-Büsche zu voller Blüte. Große Büschel von violetten und roten Blüten verwandeln diese Sträucher in ein Farbenmeer. Es gibt unendlich viele Züchtungen von Rhododendron. Und wer ein Liebhaber von Rhododendron ist, sollte der Deutschen Rhododendron-Gesellschaft beitreten. Hier erhält er genügend Empfehlungen, Anregungen und Vorschläge und die Anzucht-Baumschulen genannt.

Wenn die Magnolien, die Japankirschen verblüht sind, ist auch der erste Frühlingsrausch vorbei. Mitte Mai beginnt mein alter Flieder zu blühen. Ich sage alt, denn dieser vier Meter hohe Baum ist bald dreißig Jahre alt. 1960 bekam ich ihn von einem liebenswerten Nachbarn und großen Pflanzenfreund geschenkt, noch in der ersten Wohnung auf der Mathildenhöhe. Diese schöne *Syringa* wollte ich nicht zurücklassen, als wir 1967 auf die Rosenhöhe umzogen. So schnitt ich den Strauch stark zurück, und bevor wir hier eingezogen waren, hatte ich ihn als einzigen Strauch im Frühjahr gepflanzt. Schon im nächsten Frühling erfreute er uns mit seinen zartlila gefüllten Dolden und dem betörenden Duft. In diesem Jahr wollte es mir nicht mehr gelingen, unseren alten Freund mit einem Strauß seines Flieders zu erfreuen. Er starb an dem Tag, an dem ich morgens auf die Leiter gestiegen war, um für ihn den Strauß zu schneiden. Oft schon blühte dieser Flieder mit den ersten Rosen. Auf der einen Seite des Gartens die duftenden Edelrosen ›Sutters Gold‹ und auf der anderen Seite diese betörende *Syringa*. Immer wieder kommt mir das Gedicht von Louis Aragon in den Sinn, das Karl Krolow bald nach dem Krieg übersetzt hat: »Der Flieder und die Rosen / die Rosen von Anjou …« Warum sieht man heute weniger Flieder als in den *alten* Gärten? Und die Fliederlaube, ich kenne sie noch. Dabei bieten die Gärtnereien weit mehr als fünfzig Sorten an. Vielleicht weil er im Alter beträchtliche Höhen und Breiten erreichen kann, von unten wird dann der Stamm kahl, so eignet er sich wenig als Gruppenstrauch in einem kleinen Vorgarten. Aber der Flieder verträgt sehr gut eine Verjüngung, die man auf zwei, drei Jahre verteilen kann, wenn man nicht den ganzen Busch auf einmal kappen will. Von Zeit zu Zeit braucht er etwas Dünger, sonst hungert er, und die Blüten bleiben klein. Am meisten liebt er verrotteten Stallmist. Da man nicht gleich einen Bauern zur Hand hat, kann man ja auf den sehr guten getrockneten kalifornischen Rinderdung zurückgreifen. Alle zwei, drei Jahre unter die Büsche gestreut, das genügt. Der Flieder wird es durch eifriges Blühen danken.

Nun blühen auch endlich die Maiglöckchen. Um zwei Wochen haben sie sich verspätet. Das Maiglöckchen, *Con-*

vallaria majalis, gehört zu den Liliengewächsen. Es ist weder eine Zwiebelblume noch ein Knollengewächs. Es hat Rhizome, die sich netzartig waagerecht im Boden ausbreiten. Wo ihm der Boden zusagt, vermehrt es sich innerhalb von ein paar Jahren zu ganzen Flächen. Ich bekam im Herbst 1967 einige Rhizome aus dem Garten einer Freundin geschenkt. Heute habe ich Maiglöckchen, wohin ich nur blicke. Sie stehen unter der *Metasequoia*, wo sie sich besonders wohl fühlen, unter der Japankirsche, dem Flieder und anderen Gehölzen. Zur Blütezeit strömen sie diesen spezifischen, süßlichen Maiglöckchenduft aus, den ich so liebe. Wie viele Sträuße habe ich schon gepflückt und verschenkt. Doch muß man vorsichtig sein. Maiglöckchen sind giftig, die ganze Pflanze, von der Wurzel über das Blatt bis zur Blüte und der roten Beere. Man sollte sich nach dem Pflücken die Hände waschen und Kinder fernhalten. Es heißt, wo sich die Maiglöckchen im Garten wohlfühlen und vermehren, sei der Boden gut. Allerdings muß es auch die richtige, halbschattige Lage sein. Während sich meine Maiglöckchen immer weiter ausdehnen, so daß ich sie schon reduzieren muß, sind sie bei meiner Freundin fast ganz zurückgegangen. Wahrscheinlich hat der alte Gärtner da zuviel herumgearbeitet. Man braucht nämlich in einer großen Maiglöckchenfläche kein Unkraut zu jäten. Die Rhizome bilden unterhalb der Pflanze ein so dichtes Netz an Wurzeln, und oberhalb stehen die breiten Blattpaare so eng aneinander, daß jedes Unkraut erstickt wird. Wenn die Maiglöckchen blühen, werde ich an Frankreich erinnert. An allen Straßenecken in Paris werden Anfang Mai Maiglöckchen angeboten, und die Kaufhäuser duften nach Maiglöckchenparfum und sind mit künstlichen Maiglöckchensträußen ausgeschmückt. Maiglöckchenzeit ist Frühlingszeit. Das Blühen dauert gut drei Wochen, von den ersten, sich weiß färbenden Knospen bis zu den voll aufgeblühten Glöckchen. Wenn es diesen Höhepunkt erreicht hat, geht das Welken schnell. Das vom Gärtner gezüchtete große Maiglöckchen, *Convallaria majalis* ›Grandiflora‹, mit seinen achtzehn dicken Glöckchen vermehrt sich nicht so üppig wie das einfache, wildwachsende Maiglöckchen, das im Garten auch kräftiger in der Blüte wird als im Wald. Gerade diese Flächen zarter Maiglöckchenstengel, dicht aneinander, sind für mich so entzückend. Oft blühen zur selben Zeit die Vergißmeinnicht. Dann setze ich um den Maiglöckchenstrauß einen Rand Vergißmeinnicht. Das sieht nicht nur farblich sehr gut aus, es vereint auch beide ›Blumen der Liebe‹.

Die Rosen lassen in diesem Jahr auf sich warten, kaum daß die jungen Blätter zu sehen sind. Zwischen den Rosenstöcken blühen jetzt die Akeleien in vielen zarten Farben. Damit das Rosenbeet vor der Blüte nicht so kahl aussieht, habe ich zwischen die Rosenstöcke Akeleien gesetzt, die eher blühen als die Rosen. So füllen sie mit ihren zarten Blüten das Beet aus. Die Akelei, *Aquilegia*, ist eine alte Gartenpflanze. Sie ist gezüchtet aus der Wald- und Wiesenakelei, *Aquilegia vulgaris*. Wer kennt sie nicht, die von Dürer gemalte Waldakelei in zartem Violett? Aus dieser *Aquilegia vulgaris* sind viele Züchtungen hervorgegangen. Die Blüte ist sehr interessant. Die fünf Blütenblätter sind zu Honigröhrchen umgewandelt. Zwischen ihnen sitzen die flachen, ebenfalls gefärbten Kelchblätter. Während die aus Amerika stammenden Arten alle einen sehr langen, geraden Sporn besitzen, sind die europäischen Arten spornlos oder haben nur einen kurzen gekrümmten Sporn. Es gibt heute viele Farbnuancen. Eine besonders schöne Sorte ist ›Crimson Star‹ mit großen weißroten Blüten. Und immer noch liebe ich die alte, violette Akelei, die im Garten größer wird als im Wald, und die tiefblaue mit weißem Rand. Man vermehrt die Akelei durch den eigenen Samen, der am Stengel so lange ausreift, bis er in den Kapseln raschelt. Dann kippt man ihn um und streut die Samen ins Beet. Da die Samen Frostkeimer sind, ist der Herbst aufs beste dafür geeignet. Stauden zu teilen hat keinen Sinn, sie gedeihen nicht richtig. Wie schön sind dagegen die jungen Pflänzchen, die man im Frühjahr im Beet vorfindet.

Vor dem Hintergrund der dunklen Kiefern leuchtet jetzt weithin der Ginster mit seinem stechenden Geruch. Ginster sagen wir gemeinhin, es ist aber der *Cytisus*, den wir in unseren Gärten haben. Der deutsche Name Geißklee hat sich nie eingebürgert. Der echte Ginster, *Genista*, hat im Unterschied zu den *Cytisus*-Arten meist einfache Blätter, ist nur schwach belaubt und oft dornig. Den *Cytisus* gibt es auch im zarten Elfenbeinton, es ist der *Cytisus praecox*, und in Rottönungen. Doch finde ich die gelben Töne immer noch am schönsten, zumal wir wenig gelbblühende Blütengehölze, vom Goldregen abgesehen, im Garten haben. Der Ginster gehört in die Familie der Schmetterlingsblütler. Er ist ein anspruchsloser Strauch. Er liebt die Nähe von Heide, Kiefer und Birke, bevorzugt sandigen Boden, nur Kalk und nasse Lagen meidet er, und sonnig möchte er schon stehen, sonst leidet seine Blütenpracht. Gleich nach der Blüte kann man einen Teil der letztjährigen Triebe einkürzen, so fördert man den Jungtrieb und damit die Blüte im nächsten Jahr.

Der Mai bleibt weiterhin unfreundlich, man sehnt sich nach Wärme. Erst die letzte Woche wird maienschön. Am Montag erleben wir einen strahlenden Tag. Die Sonne ist da und damit auch die Wärme. Dem Oleander wird es auf der Glasterrasse zu heiß. Beide Kübel müssen nach draußen ins Freie. Dazu die vielen anderen Kübel. Der *Agapanthus*, schöner finde ich den Namen Blaue Tuberose, weil die wunderbaren blauen Blütendolden dadurch besser gekennzeichnet sind. Die Heimat dieser Kübelpflanze ist das südafrikanische Kapland, wie bei der *Plumbago*, der kapländischen Bleiwurz. Eine sehr grazile Pflanze mit langen Rispen, an deren Enden stahlblaue Blütendolden sitzen, dem *Phlox* ähnlich, nur zierlicher. Dann kommen noch die *Daturas*, die Engelstrompeten, ins Freie. Meine Glasterrasse ist wieder leer. Aber ohne sie wäre aus den Kübeln in diesem Jahr nichts geworden. So habe ich mir schon jetzt einen »kleinen Süden« geschaffen, während auf der Nordseite sich weit das große immergrüne Rhododendron in Rot und Violett geöffnet hat.

Bertolt Brecht

DER BLUMENGARTEN

Am See, tief zwischen Tann und Silberpappel
Beschirmt von Mauer und Gesträuch ein Garten
So weise angelegt mit monatlichen Blumen
Daß er vom März bis zum Oktober blüht.

Hier, in der Früh, nicht allzu häufig, sitz ich
Und wünsche mir, auch ich mög allezeit
In den verschiedenen Wettern, guten, schlechten,
Dies oder jenes Angenehme zeigen.

Susanne Wiborg

DAS PERFEKTE RASCHELN

Ich geb's gerne zu: Mein Garten ist zum Spielen da. Oder, um es etwas erwachsener auszudrücken: Ich liebe ihn, weil ich mir hier ein paar Träume direkt vor der Haustür verwirklichen darf. Natürlich ist der Weg dabei das Ziel, macht schon der Versuch das größte Vergnügen, denn meist kommt es verblüffend anders als geplant. Ebenso verblüffend finde ich es, wie oft es weit entfernte Kindheitserinnerungen sind, die so viel später als Gartenbilder wiederkommen möchten.

Diese hier zum Beispiel: In den Sommerferien war ich zum ersten Mal alt genug, um allein zwischen den Häusern meiner Großeltern hin- und herlaufen zu dürfen. Eine Freiheit, die ich umso mehr genoss, als der Weg an einem grabenumsäumten Wiesenstückchen vorbeiführte, auf dem an schönen Tagen ein Pferd zum Grasen angepflockt war. Ein Bild, das ich endlos hätte bewundern können: der dicke Fuchs mit den Sonnenkringeln auf dem blanken Fell und der beim Rupfen leise klirrenden Kette, dazu der schwere Duft nach Rotklee und frischem Gras. Im Hintergrund spielten Licht und Schatten auf den Schilfhalmen im Graben, die sich in jedem Windhauch elegant bogen und dabei leise raschelten. Schilfrauschen wurde für mich ebenso zum Inbegriff eines perfekten Sommertages wie Ferien, Rosenduft oder ein Blick auf rubinrote Johannisbeeren.

Einen Teil dieses Zaubers in den Garten zu holen war später nicht schwierig: Johannisbeeren sind anspruchslos, und ohne Rosen geht hier sowieso nichts. Nur bis zum stilechten Rauschen im Hintergrund dauerte es lange, aber irgendwann hatte ich ihn dann doch, den Miniteich. Natürlich setzte ich umgehend Schilf an den Rand, und ebenso natürlich dachte das überhaupt nicht daran, sich mit dem zugewiesenen Kulissen-Platz zu begnügen, sondern zeigte, wozu robuste Pionierpflanzen in der Lage sind: Mit Ausläufern, deren Wachstum ich regelrecht zusehen konnte, ließ es die kleine Wasserfläche blitzschnell verschwinden. Daraufhin in Gefäße eingesperrt, verlieh das Schilf seinem Unwillen unmissverständlich Ausdruck: Statt bei Wind romantisch zu rascheln, kippten die langen Halme einfach um und lagen platt auf dem Wasser.

Riskante Turnübungen am glitschigen Uferrand, um die erhoffte Idylle mit Schere und diskretem Draht halbwegs zu bändigen und in der Senkrechten zu halten, sind eine ausgesprochen unromantische, dafür aber umso entnervendere Beschäftigung. Terrier Erbse wenigstens war von dieser neuen Spielidee hingerissen, umtanzte meine verrenkte Figur mit aufforderndem Gekläff und sprang mir im instabilsten Moment gern mit Anlauf und Karacho ins Kreuz. Irgendwann, als ich bäuchlings auf den Findlingen lag, während ich im eiskalten Wasser hektisch nach der teuren Rosenschere tastete, die mir beim Ausläufer-Schneiden aus den klammen Fingern gerutscht war, ertappte ich mich bei glühendem Neid auf die Besitzer größerer Latifundien:

Ein Mal, nur *ein Mal* dem Grünzeug einfach seinen Lauf lassen dürfen, ohne sofort buchstäblich an die Grenzen des Wachstums zu stoßen ...

Immerhin erwies sich mein Schilf als perfekter norddeutscher Gartengast: Am schönsten ist es bei Regen. Jeder einzelne Tropfen perlt glitzernd von seinen Blättern ab, und die bronzefarben glänzenden Frösche sitzen gern auf dem dichten Wurzelgeflecht. Libellen klettern zum Verpuppen an den Stängeln empor, Zaunkönig und Rotkehlchen schlüpfen auf der Insektenjagd behände durch den Minidschungel.

Doch nicht alle Vögel wurden mit dem üppigen Zuwachs so uneingeschränkt glücklich. Als ich die langen Halme im Frühjahr zurückschnitt, hielt ich sie für ein wunderbares Nistmaterial für die Größeren, entsorgte sie also nicht via Kompost, sondern legte sie in voller Länge zum Abholen bereit. Das Resultat hätte jedem Comic Ehre gemacht: Die Elstern, die mit Ästchen souverän umgehen können, mussten sehr schnell feststellen, dass dieses ungewohnte Material ausgeprägte Tücken hatte. Bei ihren Startversuchen mit den sperrigen langen Halmen erinnerten sie an verunglückte schwarz-weiße Kometen mit einem viel zu langen, sperrigen Schweif, und meist mussten sie nach viel Geflatter umkehren, weil ihnen die Traglast aus dem Schnabel rutschte. Bekamen sie einen Halm in luftige Höhe, scheiterten sie an der Aufgabe, die festen und spröden Stängel nestgerecht zu biegen. Die Kleinvögel waren technisch deutlich begabter: Sie zupften einfach die Wolle aus den weichen Schilfsamenständen und verschwanden mit puscheligen hellgrauen Bärten nestwärts. Nach viel Versuch und Irrtum folgten die Elstern schließlich ihrem Beispiel: Sie zerrten, auch das mit heftigem Körpereinsatz, die Blätter ab und ließen die steifen Halme einfach liegen.

Die kollektiven Bemühungen der Vogelwelt waren jedenfalls absolut sehenswert, und so komme ich mit dem Schilf tatsächlich rund ums Jahr auf meine Spaß-Kosten. Es hat sich also gelohnt, und vielleicht wird es bald Zeit, die nächste schöne Erinnerung als Gartenbild wiederzusehen? Mir fällt da bestimmt noch einiges ein – auch wenn ich hier leider kein Pferd unter dem Kirschbaum anpflocken kann …

Mary trank etwas Tee und aß eine Scheibe Toast mit Orangenkonfitüre.

»Zieh dir was Warmes an und geh raus zum Spielen«, sagte Martha. »Das wird dir guttun und Appetit machen.«

Mary ging zum Fenster. Sie sah Gärten und Wege und große Bäume, aber alles sah öde und winterlich aus.

»Hinausgehen? Warum sollte ich an einem solch grauen Tag hinausgehen?«

»Tja, wenn du nicht hinausgehst, musst du eben drinnen bleiben, und was willst du da machen?«

Mary schaute sich um. Es gab nichts, womit sie sich die Zeit hätte vertreiben können. Als Mrs. Medlock das Kinderzimmer herrichten ließ, hatte sie nicht daran gedacht, Spielsachen zu besorgen. Vielleicht war es dann doch besser, hinauszugehen und sich die Gärten anzusehen.

»Und wer geht mit mir?«, wollte Mary wissen.

Martha sah sie verblüfft an.

»Niemand«, antwortete sie. »Du wirst lernen müssen, allein zu spielen, wie andere Kinder auch, wenn sie keine Geschwister haben. Unser Dickon geht jeden Tag allein ins Moor und spielt dort stundenlang. So hat er sich mit dem Pony angefreundet und mit den Schafen und den Vögeln, die ihm aus der Hand fressen. Bei uns zu Hause gibt es zwar wenig zu essen, aber er zwackt immer ein paar Brotkrumen ab, um seine Lieblinge anzulocken.«

Dieser Hinweis auf Dickon bewog Mary schließlich doch dazu, hinauszugehen, obwohl sie sich dessen nicht bewusst war. Vögel gab es draußen bestimmt, wenn auch keine Ponys oder Schafe. Sicher waren es andere Vögel als jene, die sie aus Indien kannte, und vielleicht würde sie Spaß daran finden, sie zu beobachten.

Martha suchte einen Mantel, einen Hut und ein Paar feste Stiefelchen für sie heraus und zeigte ihr den Weg nach unten.

»Wenn du da herum gehst, kommst du zu den Gärten«, sagte sie und deutete auf ein Tor in einer dichten Hecke. »Im Sommer gibt es hier viele Blumen, aber jetzt blüht nichts.« Sie schien einen Augenblick zu zögern, ehe sie hinzufügte: »Einer der Gärten ist zugesperrt. Den hat seit zehn Jahren kein Mensch mehr betreten.«

»Warum?«, fragte Mary ganz unwillkürlich. Also noch eine verschlossene Tür neben den hundert anderen in dem seltsamen Haus.

»Mr. Craven ließ ihn zusperren, als seine Frau so plötzlich starb. Niemand darf ihn betreten. Es war nämlich ihr Garten. Er schloss die Tür ab, hob ein Loch aus und vergrub den Schlüssel darin. Ach, Mrs. Medlock läutet – ich muss los.«

Nachdem sie weg war, bog Mary in den Weg ein, der zum Tor in der Hecke führte. Der Garten, den seit zehn Jahren kein Mensch mehr betreten hatte, ging ihr nicht mehr aus dem Sinn. Sie fragte sich, wie er nun wohl aussah und ob darin noch Blumen wuchsen. Als sie durch das Tor in der Hecke getreten war, dehnte sich vor ihren Augen eine Art Park mit weiträumigen Rasenflächen und gewundenen, tadellos gepflegten Wegen aus. Es gab Bäume und Blumenbeete, zu merkwürdigen Formen geschnittene immergrüne Büsche und einen großen Teich, in dessen Mitte sich ein alter grauer Springbrunnen erhob. Aber die Blumenbeete waren winterlich kahl, und aus dem Springbrunnen kam kein Wasser. Das also war nicht der verschlossene Garten. Wie konnte ein Garten überhaupt verschlossen sein? In einen Garten konnte man doch immer hineingehen.

Während sie diesen Gedanken nachhing, erblickte sie am Ende des Weges, dem sie folgte, eine lange, von Efeu überwucherte Mauer. Sie war mit England noch nicht vertraut genug, um zu wissen, dass vor ihr die Küchengärten lagen, in denen Gemüse und Obst gezogen wurden. Sie ging auf die Mauer zu und entdeckte im Efeu eine grüne Tür, die offen stand. Offensichtlich war auch dies nicht der verschlossene Garten, und sie konnte eintreten.

Sie schritt also durch die Tür und stellte fest, dass der Garten ringsum von einer Mauer umgeben und nur der erste von mehreren ummauerten Gärten war, die ineinander überzugehen schienen. Durch eine weitere offen stehende grüne Tür bot sich ihr ein Blick auf Beerensträucher und schmale Pfade zwischen Beeten mit Wintergemüse. Spalierobstbäume säumten die Mauer, und einige der Beete waren mit Glasscheiben abgedeckt. Mary kam der Ort recht öde und hässlich vor, als sie so dastand und um sich blickte. Im Sommer, wenn alles grünte, war es vielleicht hübscher hier, aber jetzt gab es nichts, was man hübsch hätte nennen können.

In diesem Moment kam ein alter Mann mit einem Spaten über der Schulter durch die Tür, die zum dahinterliegenden Garten führte. Er blickte erstaunt auf, als er Mary sah, und legte dann die Hand zum Gruß an seine Mütze. Er machte ein mürrisches Gesicht und schien überhaupt nicht erfreut, sie zu sehen – aber sie war ja von seinem Garten auch nicht gerade angetan und trug die Miene zur Schau, die ihr den Spitznamen »Miss Mary, ein Querkopf ist sie« eingetragen hatte, und zeigte sich von der Begegnung ebenso wenig erfreut wie er.

»Was ist das hier?«, fragte sie.

»Einer der Küchengärten«, antwortete er.

»Und was ist das dort hinten?«, fragte Mary und deutete auf die andere grüne Tür, durch die er gekommen war.

»Ein zweiter«, entgegnete er barsch. »Hinter der Mauer ist noch einer, und dann kommt der Obstgarten.«

»Kann ich hineingehen?«, fragte Mary.

»Wenn du magst. Aber da gibt es nichts zu sehen.«

Ohne etwas darauf zu erwidern, lief sie den Pfad hinunter und ging durch die zweite grüne Tür. Dort entdeckte sie weitere Mauern, Wintergemüse, Frühbeete und eine dritte Tür, die nicht offen stand. Vielleicht führte die in den Garten, den seit zehn Jahren niemand gesehen hatte. Da sie durchaus kein schüchternes Kind war und immer tat, was sie wollte, ging sie zu der grünen Tür und drehte den Knauf. Sie hoffte, die Tür würde sich nicht öffnen, weil ihr das die Gewissheit verschafft hätte, den geheimnisvollen Garten gefunden zu haben – aber sie ließ sich ganz leicht öffnen. Mary schritt hindurch und befand sich nun im Obstgarten. Auch dieser war rundum von Mauern umgeben, an denen sich Spaliere hinzogen. In dem winterlich braunen Gras standen kahle Obstbäume – aber eine grüne Tür war nirgends zu sehen, so sehr Mary auch danach suchte. Und doch hatte sie beim Betreten des oberen Teils des Gartens bemerkt, dass die Mauer über den Obstgarten hinausging, so als gebe es dahinter noch einen weiteren. Zudem waren ihr die Wipfel von Bäumen aufgefallen, die jenseits der Mauer stehen mussten, und wie sie so dastand, sah sie einen Vogel mit leuchtend roter Brust auf dem obersten Ast eines jener Bäume sitzen. Und plötzlich stimmte er sein Winterlied an – fast so als hätte er sie erblickt und riefe ihr zu.

Sie lauschte ihm, und sein heiteres, freundliches Pfeifen erfüllte sie irgendwie mit Freude. Denn sogar ein missmutiges kleines Mädchen kann schrecklich einsam sein, und angesichts des großen abweisenden Hauses, des riesigen öden Moors und der ausgedehnten kahlen Gärten hatte sich bei ihm ein Gefühl des völligen Verlassenseins eingestellt. Wäre Mary in einer liebevollen Umgebung aufgewachsen und ein zärtliches Kind gewesen, hätte ihr diese Erfahrung gewiss das Herz gebrochen, aber selbst sie war tieftraurig, und der kleine Vogel mit der leuchtend roten

Brust zauberte einen Ausdruck auf ihr sauertöpfisches Gesichtchen, der einem Lächeln sehr nahe kam. Sie lauschte ihm, bis er davonflog. Er war anders als die Vögel, die sie von Indien kannte, und sie mochte ihn und fragte sich, ob sie ihn wohl je wiedersehen würde. Womöglich lebte er gar in dem geheimnisvollen Garten und kannte sich dort bestens aus.

Vielleicht beschäftigte sie dieser verlassene Garten deshalb so sehr, weil es ja sonst überhaupt nichts für sie zu tun gab. Sie war neugierig geworden und wollte nun unbedingt wissen, wie es dort aussah. Warum hatte Mr. Archibald Craven den Schlüssel vergraben? Wenn er seine Frau so sehr geliebt hatte, warum hasste er dann ausgerechnet ihren Garten? Sie fragte sich, ob sie ihn irgendwann einmal zu Gesicht bekommen würde, wusste jedoch, dass sie ihn, sollte das je geschehen, nicht mögen würde und er sie auch nicht. Wahrscheinlich würde sie nur dastehen, ihn anstarren und kein Wort sagen, obwohl sie so schrecklich gern gewusst hätte, warum er etwas so Merkwürdiges getan hatte.

»Die Menschen mögen mich nicht, und ich mag sie auch nicht«, dachte sie. »Und ich werde nie so reden wie die Crawford-Kinder. Sie haben immerzu geredet und gelacht und Lärm gemacht.«

Während sie an das Rotkehlchen dachte und an das Lied, das es ihr vorzusingen schien, fiel ihr der Baumwipfel ein, auf dem es gesessen hatte, und sie hielt ziemlich unvermittelt inne.

»Ich glaube, der Baum steht in dem geheimen Garten, ja ich bin sogar sicher, dass er dort steht«, sagte sie. »Ringsherum war eine Mauer, aber es gab keine Tür.«

Dann kehrte sie in den Küchengarten zurück, den sie zuerst betreten hatte. Der alte Mann war gerade mit Umgraben beschäftigt. Sie stellte sich neben ihn und schaute ihm abschätzig, wie es ihre Art war, ein Weilchen zu. Er wiederum nahm keinerlei Notiz von ihr. Und so ergriff sie schließlich das Wort.

»Ich war in den anderen Gärten«, sagte sie.

»Was hätte dich daran hindern sollen?«, erwiderte er barsch.

»Ich war auch im Obstgarten.«

»Es gibt hier ja auch keinen Hund, der dich beißen könnte«, entgegnete er.

»Ich habe keine Tür gesehen, die in den anderen Garten führt«, sagte Mary.

»In welchen Garten?«, fragte er unwirsch und unterbrach seine Arbeit für einen Augenblick.

»Den auf der anderen Seite der Mauer«, antwortete Miss Mary. »Dort gibt es jedenfalls Bäume – ich habe ihre Wipfel gesehen. Auf einem davon hat ein Vogel mit einer roten Brust gesessen und gesungen.«

Zu ihrer Überraschung glitt da ein Lächeln über das mürrische, wettergegerbte Gesicht, und der alte Gärtner sah auf einmal ganz anders aus. Sie fand es merkwürdig, wie viel freundlicher jemand aussah, wenn er lächelte. Das war ihr noch nie zuvor aufgefallen.

Er wandte den Blick in Richtung Obstgarten und begann zu pfeifen – nicht schrill und laut, sondern eher sanft und verhalten. Sie konnte nicht begreifen, wie ein so mürrischer Mensch einen solch einschmeichelnden Ton hervorzubringen vermochte.

Und sogleich geschah etwas Wunderbares. Sie hörte ein leises Flügelschlagen in der Luft – das war der kleine Vogel mit der roten Brust, der herbeigeflogen kam und sich doch tatsächlich auf dem großen Erdklumpen ganz dicht neben dem Fuß des Gärtners niederließ.

»Hier ist er«, lachte der alte Mann in sich hinein, und dann redete er den Vogel an, als spräche er zu einem Kind.

»Wo warst du denn, du vorwitziger kleiner Bettler?«, fragte er ihn. »Ich habe dich heute noch gar nicht gesehen. Bist wohl schon so früh im Jahr auf Brautschau? Na, du hast's aber eilig.«

Der Vogel neigte sein Köpfchen zur Seite und blickte mit seinen sanft glänzenden, wie schwarze Tautropfen anmutenden Augen zu ihm hoch. Er schien ganz zutraulich zu sein und nicht die geringste Angst zu haben. Flink hüpfte er umher und pickte eifrig im Erdreich auf der Suche nach Saatkörnern und Insekten. Mary wurde es ganz seltsam ums Herz, weil er so hübsch und fröhlich war und so menschlich wirkte. Er hatte einen winzigen rundlichen Körper, einen spitzen Schnabel und dünne Beinchen.

»Kommt er immer, wenn Sie ihn rufen?«, fragte sie, beinahe flüsternd.

»Na klar. Ich kenne ihn, seit er flügge wurde. Er ist aus

dem Nest in dem anderen Garten, und als er zum ersten Mal über die Mauer flog, war er noch zu schwach, um gleich wieder umzukehren, und da haben wir uns angefreundet. Und als er dann endlich zurückfliegen konnte, war der Rest der Brut bereits fort, so dass er sich einsam fühlte und zu mir zurückkam.«

»Was für ein Vogel ist das?«, fragte Mary.

»Weißt du das nicht? Er ist ein Rotkehlchen, und das sind die zutraulichsten und neugierigsten Vögel, die es gibt, fast so zutraulich wie Hunde – wenn man weiß, wie man mit ihnen umgehen muss. Sieh nur, wie er hier herumpickt und sich ab und zu nach uns umschaut. Er weiß genau, dass von ihm die Rede ist.«

Der Alte bot einen merkwürdigen Anblick, wie er das mollige Vögelchen mit der roten Weste so voller Stolz und Zuneigung betrachtete.

»Er ist ein eingebildeter Bursche«, sagte er und lachte in sich hinein. »Er hört es gern, wenn die Leute über ihn reden. Und neugierig ist er! So was Neugieriges wie ihn hat es noch nicht gegeben. Immer kommt er an, um zu schauen, was ich pflanze. Er weiß über alles Bescheid, ganz anders als Mr. Craven, der gar nicht wissen will, was um ihn herum vorgeht. Er ist der Obergärtner, ja, das ist er.«

Das Rotkehlchen hüpfte umher, pickte eifrig in der Erde, hielt ab und zu inne, um ihnen einen Blick zuzuwerfen. Mary fühlte sich von seinen schwarzen Tautropfenaugen sehr neugierig beobachtet. Es schien wirklich, als sei der kleine Vogel dabei, ihr auf die Schliche zu kommen. Ihr wurde immer merkwürdiger ums Herz.

»Wohin ist die restliche Brut geflogen?«, fragte sie.

»Keine Ahnung. Die Alten werfen sie aus dem Nest, damit sie fliegen lernen, und dann sind sie, eh man sich's versieht, in alle Winde zerstreut. Dieser ist ein ganz Schlauer und hat gemerkt, dass er plötzlich ganz allein war.«

Miss Mary trat einen Schritt auf das Rotkehlchen zu und betrachtete es ganz genau.

»Auch ich bin ganz allein«, sagte sie.

Bisher hatte sie nicht gewusst, dass dies einer der Gründe für ihre Verdrossenheit und schlechte Laune war. Das schien ihr klarzuwerden, als das Rotkehlchen und sie einander ansahen.

Der alte Gärtner schob die Mütze auf seiner Glatze zurück und starrte Mary ein Weilchen an.

»Bist du das kleine Mädchen aus Indien?«, fragte er dann. Mary nickte.

»Na, dann ist es kein Wunder, dass du so allein bist. Du wirst hier noch einsamer sein, als du dort warst«, sagte er.

Dann nahm er seine Arbeit wieder auf, indem er den Spaten tief in die fruchtbare schwarze Gartenerde stieß, während das Rotkehlchen, immer noch eifrig beschäftigt, umherhüpfte.

»Wie heißen Sie?«, wollte Mary wissen.

Er richtete sich auf, um ihr zu antworten.

»Ben Weatherstaff«, erwiderte er und fügte mit einem unwirschen Lachen hinzu: »Ich bin auch allein, außer wenn er bei mir ist«, dabei deutete er mit dem Daumen auf das Rotkehlchen. »Er ist der einzige Freund, den ich habe.«

»Ich habe überhaupt keine Freunde«, sagte Mary. »Ich hatte nie welche. Meine Ayah mochte mich nicht, und ich habe nie mit anderen Kindern gespielt.«

Die Leute in Yorkshire haben unter anderem die Angewohnheit, kein Blatt vor den Mund zu nehmen, und der alte Ben Weatherstaff gehörte zu diesem Menschenschlag.

»Wir beide sind einander ganz schön ähnlich«, bemerkte er. »Wir sind beide aus demselben Holz geschnitzt. Wir sehen nicht gut aus und sind so griesgrämig, wie wir aussehen. Ich wette, wir sind beide gleich unausstehlich.«

Das waren deutliche Worte, und Mary Lennox hatte noch nie in ihrem Leben die Wahrheit über sich vernommen. Die indischen Diener waren immer beflissen und unterwürfig gewesen, egal was man tat. Auf ihr Aussehen hatte sie bisher kaum einen Gedanken verschwendet, aber nun fragte sie sich doch, ob sie wirklich so hässlich aussah wie Ben Weatherstaff, und sie hätte auch gern gewusst, ob sie so griesgrämig dreinschaute wie er, bevor das Rotkehlchen herbeigeflogen kam, und ob sie unausstehlich war. Sie fühlte sich gar nicht mehr wohl in ihrer Haut.

Plötzlich ertönte neben ihr ein helles Trillern, und sie drehte sich um. Ein paar Schritte von ihr entfernt stand ein kleiner Apfelbaum. Das Rotkehlchen war auf einen der Zweige geflogen und hatte ein kleines Lied angestimmt. Ben Weatherstaff konnte sich vor Lachen nicht mehr halten.

»Warum macht er das?«, fragte Mary.

»Er will sich mit dir anfreunden«, erwiderte Ben. »Ich fresse einen Besen, wenn er dich nicht in sein Herz geschlossen hat.«

»Mich?«, sagte Mary, näherte sich vorsichtig dem Bäumchen und schaute hinauf.

»Möchtest du mein Freund sein?«, fragte sie das Rotkehlchen, so als spräche sie zu einem Menschen. »Willst du?«

Und das sagte sie nicht in ihrem unerbittlichen Befehlston wie früher in Indien, sondern so sanft und schmeichelnd, dass der Alte ebenso überrascht war wie sie, als sie ihn vorhin hatte pfeifen hören.

»Wie?«, rief er. »Das hast du so nett und menschlich gesagt, gar nicht wie eine bissige alte Frau – so kamst du mir nämlich vor, sondern wie ein richtiges Kind. Es klang fast so, wie wenn Dickon mit seinen wilden Tieren im Moor spricht.«

»Sie kennen Dickon?«, fragte Mary und drehte sich ziemlich unvermittelt um.

»Wer kennt ihn nicht? Dickon kommt überall herum. Selbst die Schwarzbeeren und die Heidekrautblüten kennen ihn. Ich wette, die Füchse zeigen ihm sogar, wo ihre Jungen liegen, und die Lerchen verstecken ihre Nester nicht vor ihm.«

Mary hätte ihn gern noch mehr gefragt. Dickon erregte ihre Neugier fast ebenso wie der verlassene Garten. Aber genau in diesem Augenblick schlug das Rotkehlchen, das nun seinen Gesang beendet hatte, kurz mit seinen Flügeln, breitete sie aus und flog davon. Der Besuch war abgestattet, und es hatte nun anderes zu tun.

»Es ist über die Mauer geflogen!«, rief Mary und sah ihm nach. »Es ist in den Obstgarten geflogen – über die andere Mauer – in den Garten, zu dem es keine Tür gibt!«

»Es lebt dort«, sagte der alte Ben. »Dort ist es aus dem Ei geschlüpft. Es geht auf Brautschau, es macht einer jungen Rotkehlchendame den Hof, die dort irgendwo in den alten Rosensträuchern lebt.«

»Rosensträucher«, wiederholte Mary. »Gibt es dort Rosensträucher?«

Ben Weatherstaff griff zum Spaten und grub weiter.

»Vor zehn Jahren gab es welche«, murmelte er.

»Die würde ich gern sehen«, sagte Mary. »Wo ist die grüne Tür? Es muss doch irgendwo eine Tür geben.«

Ben stieß seinen Spaten tief in die Erde und wirkte so abweisend wie ganz zu Beginn ihrer Begegnung.

»Vor zehn Jahren gab es eine, aber jetzt nicht mehr«, sagte er.

»Keine Tür!«, rief Mary. »Aber es muss doch eine geben.«

»Keine, die irgendjemand finden kann, und keine, die irgendjemanden etwas angeht. Misch dich da nicht ein und steck deine Nase nicht in Dinge, die dich nichts angehen. Außerdem hab ich jetzt keine Zeit mehr, ich muss weiterarbeiten. Geh spielen.«

Und er hörte tatsächlich auf zu graben, schulterte seinen Spaten und ging davon, ohne sie noch eines Blicks oder Grußes zu würdigen.

Anfangs kam Mary Lennox ein Tag wie der andere vor. Jeden Morgen erwachte sie in ihrem mit Gobelins behängten Zimmer, sah Martha vor dem Kamin knien und das Feuer entfachen; jeden Morgen nahm sie ihr Frühstück in dem Kinderzimmer ein, in dem es nichts gab, womit sie sich die Zeit hätte vertreiben können; und nach jedem Frühstück schaute sie aus dem Fenster und ließ den Blick über das riesige Moor schweifen, das sich nach allen Seiten auszudehnen und bis zum Himmel zu reichen schien, und nachdem sie eine Weile hinausgestarrt hatte, wurde ihr klar, dass sie, wenn sie nicht hinausginge, untätig im Haus herumsitzen würde – also ging sie hinaus. Sie wusste nicht, dass sie nichts Besseres tun konnte und dass, wenn sie auf den Wegen dahin und die Straße hinunterlief oder sogar rannte und gegen den Wind ankämpfte, der vom Moor herüberfegte, ihr träges Blut in Wallung kam und sie kräftiger wurde. Sie rannte nur, um sich aufzuwärmen, und sie hasste den Wind, der ihr brüllend ins Gesicht schlug und sich ihr wie ein unsichtbarer Riese entgegenstemmte. Aber die tiefen Atemzüge voll der rauen, frischen Luft, die von der Heide her wehte, füllten ihre Lunge mit etwas, das ihrem schmächtigen Körper guttat, eine leichte Röte auf ihre Wangen zauberte und ihre trüben Augen zum Strahlen brachte, ohne dass sie sich dessen bewusst gewesen wäre.

Aber nach einigen fast ausschließlich im Freien verbrachten Tagen erwachte sie eines Morgens und wusste plötzlich, was es heißt, Hunger zu haben, und als sie sich an den Frühstückstisch setzte, schob sie ihr Porridge nicht mehr mit verächtlicher Miene beiseite, sondern griff nach ihrem Löffel und aß und aß, bis das Schüsselchen leer war.

»Das ging ja heute Morgen ganz gut, nicht wahr?«, sagte Martha.

»Heute schmeckt es auch gut«, erwiderte Mary, selbst ein wenig überrascht.

»Das macht die frische Moorluft«, antwortete Martha. »Du kannst von Glück sagen, dass du nicht nur Appetit, sondern auch immer was zu essen hast. Bei uns zu Hause gibt es zwölf hungrige Mäuler, aber nicht genug, um sie satt zu kriegen. Wenn du weiter jeden Tag draußen spielst, bekommst du Fleisch auf die Rippen und siehst nicht mehr so gelb aus.«

»Ich spiele nicht«, sagte Mary. »Ich habe nichts zum Spielen.«

»Nichts zum Spielen!«, rief Martha. »Unsere Kinder spielen mit Stöcken und Steinen. Sie rennen einfach herum, schreien und halten die Augen offen.«

Mary schrie nicht, aber sie hielt die Augen offen. Sonst gab es ja nichts zu tun. Sie lief in den Gärten herum und streifte durch den Park. Manchmal suchte sie Ben Weatherstaff, aber obwohl sie ihn mehrere Male bei der Arbeit sah, war er zu beschäftigt, um sie eines Blicks zu würdigen, oder einfach zu schlecht gelaunt. Einmal, als sie zu ihm hingehen wollte, ergriff er seinen Spaten und kehrte ihr, offenbar absichtlich, den Rücken zu.

Besonders oft zog es sie zu dem langen Weg, der rund um

die eingemauerten Gärten führte. Rechts und links von ihm lagen abgeblühte Blumenbeete, und an den Mauern wuchs dichter Efeu. Einen Abschnitt der Mauer jedoch hatten die dunkelgrünen Blätter ausnehmend stark überwuchert. Seit langer Zeit schien sich niemand darum gekümmert zu haben. Überall sonst war er ordentlich zurechtgeschnitten worden, nur nicht hier, am unteren Ende des Weges.

Das bemerkte Mary erst einige Tage, nachdem sie sich mit Ben Weatherstaff unterhalten hatte, und sie fragte sich warum. Sie war unwillkürlich stehen geblieben und blickte gerade zu einer langen Efeuranke hoch, die im Wind hin- und herschwang, als sie etwas Rotes durchs Blattwerk schimmern sah und ein helles Zwitschern vernahm, und wirklich, dort oben auf der Mauer saß Ben Weatherstaffs Rotkehlchen und beugte sich nach vorn über den Mauerrand, um sie mit zur Seite geneigtem Köpfchen zu beäugen.

»Oh!«, rief sie. »Bist du es – bist du es?« Und sie fand es gar nicht merkwürdig, zu dem kleinen Vogel zu sprechen, als wüsste sie genau, dass er sie verstehen und ihr antworten würde.

Und er antwortete wirklich. Er zwitscherte und piepste und hüpfte auf der Mauer entlang, als wollte er ihr alles Mögliche erzählen. Obwohl er nicht in Wörtern sprach, glaubte Miss Mary ihn dennoch zu verstehen. Ihr war, als sagte er: »Guten Morgen! Ist der Wind nicht schön? Ist die Sonne nicht schön? Ist nicht alles schön? Lass uns beide pfeifen und hüpfen und zwitschern. Komm schon! Komm schon!«

Mary fing an zu lachen, und wie er so auf der Mauer

entlanghüpfte und zwischendurch mal kurz aufflatterte, rannte sie hinter ihm her. Und da sah die kleine, dünne, blasse, hässliche Mary tatsächlich einen Moment lang fast hübsch aus.

»Ich mag dich! Oh, ich mag dich!«, rief sie im Laufen. Dabei gab sie Piepslaute von sich und versuchte zu pfeifen, wusste allerdings nicht, wie das ging. Doch das Rotkehlchen schien ganz zufrieden damit und piepste und pfiff zurück. Schließlich breitete es seine Flügel aus, flog pfeilgeschwind auf einen Baumwipfel, wo es sich niederließ und aus voller Kehle zu singen begann.

Das erinnerte Mary an ihre erste Begegnung mit dem kleinen Vogel. Damals hatte er sich in einem Baumwipfel gewiegt, und sie war im Obstgarten gewesen. Nun stand sie auf der anderen Seite des Obstgartens auf dem Weg – viel weiter unten – vor der Mauer, aber der Baum drinnen war derselbe.

»Er wächst in dem Garten, in den niemand hinein kann«, sagte sie sich. »Es ist der Garten, zu dem es keine Tür gibt. Das Rotkehlchen lebt dort drin. Wenn ich nur wüsste, wie dieser Garten aussieht!«

Sie rannte den Weg bis zur grünen Tür hoch, durch die sie am ersten Morgen gegangen war. Dann rannte sie den Weg durch die andere Tür hinunter und danach in den Obstgarten, und als sie stehen blieb und hochblickte, stand nun der Baum auf der anderen Seite der Mauer. Das Rotkehlchen hörte auf zu singen und begann sich mit dem Schnabel das Gefieder zu putzen.

»Das ist der Garten«, sagte sie. »Ich bin mir ganz sicher.«

Sie ging umher und sah sich diese Seite der Obstgartenmauer genau an, musste jedoch erkennen, was sie bereits festgestellt hatte, nämlich, dass es in der Mauer keine Tür gab. Dann rannte sie wieder durch die Küchengärten zurück zu dem Weg außerhalb der langen efeubedeckten Mauer, die sie nun vom einen Ende bis zum anderen eingehend untersuchte, aber sie fand keine Tür.

»Das ist sehr eigenartig«, sagte sie. »Ben Weatherstaff hat behauptet, es gäbe keine Tür, und es gibt tatsächlich keine Tür. Aber vor zehn Jahren muss eine da gewesen sein, weil Mr. Craven ja den Schlüssel vergrub.«

Dies gab ihr so viel zu denken, dass ihr Interesse erwachte und sie auf einmal nicht mehr bedauerte, nach Misselthwaite Manor gekommen zu sein.

Rainer Maria Rilke

KINDHEIT

Da rinnt der Schule lange Angst und Zeit
mit Warten hin, mit lauter dumpfen Dingen.
O Einsamkeit, o schweres Zeitverbringen …
Und dann hinaus: die Straßen sprühn und klingen
und auf den Plätzen die Fontänen springen
und in den Gärten wird die Welt so weit –.
Und durch das alles gehn im kleinen Kleid,
ganz anders als die andern gehn und gingen –:
O wunderliche Zeit, o Zeitverbringen,
o Einsamkeit.

Und in das alles fern hinauszuschauen:
Männer und Frauen; Männer, Männer, Frauen
und Kinder, welche anders sind und bunt;
und da ein Haus und dann und wann ein Hund
und Schrecken lautlos wechselnd mit Vertrauen –:
O Trauer ohne Sinn, o Traum, o Grauen,
o Tiefe ohne Grund.

Und so zu spielen: Ball und Ring und Reifen
in einem Garten, welcher sanft verblaßt,
und manchmal die Erwachsenen zu streifen,
blind und verwildert in des Haschens Hast,
aber am Abend still, mit kleinen steifen Schritten

nachhaus zu gehn, fest angefaßt –:
O immer mehr entweichendes Begreifen,
o Angst, o Last.

Und stundenlang am großen grauen Teiche
mit einem kleinen Segelschiff zu knien;
es zu vergessen, weil noch andre, gleiche
und schönere Segel durch die Ringe ziehn,
und denken müssen an das kleine bleiche
Gesicht, das sinkend aus dem Teiche schien –:
O Kindheit, o entgleitende Vergleiche.
Wohin? Wohin?

Paula Almqvist

MIT BLUMEN REDEN

Meine Gartenfreundin Claudine mit ihrem greisen, hinkenden Scotch-Terrier kommt fast täglich bei mir vorbei, um ihrem vierbeinigen Oldie einen therapeutischen Spaziergang mit Ziel (ich halte immer einen Knochen bereit) zu bieten. Gestern drückte sie sich ungewöhnlich lange räuspernd an der Gartenpforte herum, bis ich endlich den roten Kopf hob aus der Misere meiner Unkräuter. »Ich wollte nicht stören«, sagte sie, »ich glaubte, du ... ich meine ihr ... also mir schien, ihr hättet da gerade eine Auseinandersetzung ...«

Kann mir schon vorstellen, was sie da hörte: »Undankbares Geschöpf, hab ich dir nicht alles gegeben, was du wolltest?« – »Reiß dich zusammen, sonst fliegst du endgültig raus!« – »Wenn du weiter so rumzickst, hol ich die Axt.« Mein Unmut galt aber nicht meinem Mann, sondern gewissen Schwererziehbaren in meinem Garten.

Alle paar Jahre wieder liest man ja wissenschaftlich verbrämte Artikel und ganze Bücher über das Gefühlsleben der Pflanzen. Sie sollen echt besser gedeihen, wenn man mit ihnen spricht wie von Mensch zu Mensch, statt sie nur wortlos zu füttern, zu entlausen, zu stutzen.

Ob es die Erfahrungen der legendären schottischen Findhorn-Gemeinde sind oder die esoterischen Versuchsanordnungen mit Lügendetektor und Messungen elektromagnetischer Felder, mit welchen sich in den 60er und 70er Jahren hauptsächlich ausgestiegene Manager wie Cleve Backster, Marcel Vogel (IBM) und Pierre Paul Sauvin (ITT) befassten – die Literatur-Liste über die Spracherkennung bei Pflanzen ist lang und von blumiger Sprache.

Ich habe von jeher mit meinen Pflanzen gesprochen. Aus Verzweiflung. Ich habe gebarmt: »Wärest du so freundlich, jetzt endlich mal paar duftende Blüten hervorzutreiben?«

Ich habe gedroht: »Wenn du mir noch einmal diesen Mehltau, diese widerwärtigen Schildläuse, den Rosenrost anschleppst, sind wir geschiedene Leute!« Und warf ihnen überhaupt alles an den Kopf, was man sich weder in der Kinder-Erziehung noch in einer gesitteten Paar-Beziehung traut: »Ist das alles, was du mir dazu zu sagen hast?«, herrschte ich die Schwarze Johannisbeere an, nachdem ich eine Handvoll gepflückt hatte, statt der erwarteten zwei Kilo fürs ultimative Marmeladenrezept.

Das war, bevor ich von den Pflanzenflüsterern gehört hatte. Bevor ich wusste, wie sensibel zum Beispiel der Philodendron von Marcel Vogel reagierte: Wenn der die Blätter hängen ließ, war ein Gast mit bad vibrations im Raum gewesen, davon war Vogel überzeugt. Er führte Protokoll darüber und ertappte die Schuldigen: Ein Freund gestand, er habe Vogels Philodendron insgeheim mit seinem eigenen verglichen und seiner wäre viel schöner.

Ich ging lange aufgrund oder wegen dieser Guru-Empfehlungen über die sensitiven Gehörgänge der Tulpe oder

Steckrübe davon aus, dass ich einen Garten voller Taubstummer habe. Und ohne jedwede Begabung zur Telepathie. Meine ließen nicht unbedingt die Blätter sinken, wenn ein Nachbar vorbeikam und (völlig zu Recht) dachte: Na, meine Erdbeeren sehen aber gewaltig besser aus. Weswegen ich mich frei fühlte, meine Pflanzen so frustriert anzublaffen, wie ich wollte.

Die Wende kam, als ich so einen kultigen VW-Bus sah, der tatsächlich auch noch das alte kultige Label hatte:

»Hast du dein Kind heute schon gelobt?«

Da hab ich mich umgestellt aufs süße Säuseln. »Macht nix, dass du Mehltau hast und Stängelfäule – ich hatte auch mal Windpocken und Kopfläuse, als ich noch jung war. Aus mir ist trotzdem was geworden. Und aus dir wird auch was werden!« Und dann greife ich beherzt zum Pulverisator.

Seit ich meiner heiklen Clematis Armandii einmal im Vertrauen den Motivations-Spruch des Sonnenkönigs zugeflüstert habe, mit dem der seine Minister scheuchte: »Faites vite, grand et beau!« – auf gut Deutsch: »Mach schnell, groß und schön« –, fühlt sie sich verstanden. Mal sehen, wie lange … Und ansonsten denke ich an die eminente Gärtnerin und Züchterin Martine Lemonnier, deren Pflanzenreich ich letztes Jahr besuchte und die ich schüchtern fragte: »Kommt es bei Ihnen nie vor, dass ausgerechnet Ihre Lieblingspflanzen mickern?« Doch, sagte sie, »aber man muss einfach noch sturer sein als sie …«

Karl Čapek

VON DER KUNST DES GÄRTNERNS

Solange ich als zerstreuter Zuschauer nur außerhalb der Gartenanlagen stand, hielt ich die Gärtner für Menschen von vornehmlich dichterischem Geist, die den Blumenduft züchten und dem Vogelgesang lauschen. Jetzt aber, wo ich mir die Sache aus der Nähe betrachte, sehe ich, daß ein echter Gärtner nicht ein Wesen ist, das Blumen züchtet; er ist ein Mann, der den Boden pflegt. Er ist eine Kreatur, die in der Erde herumwühlt und all das, was über dieser Erde liegt, uns nichtsnutzigen Gaffern überläßt. Er lebt wie in die Erde versunken. Er baut sein Denkmal in einem Düngerhaufen. Und käme er in den Garten des Paradieses, würde er berauscht den Atem einziehen und flüstern: »Herrgott, ist das ein Humus!« Ich glaube, er dächte nicht daran, vom Baume der Erkenntnis zu naschen; er würde eher zusehen, wie er unserm Herrgott einen Schubkarren voll paradiesischer Erde entführen könnte. Oder er würde bemerken, daß rund um den Baum der Erkenntnis der Boden nicht aufgelockert ist und wahrscheinlich eifrig zu graben beginnen, ohne zu ahnen, was über seinem Kopfe baumelt. »Adam, wo bist du?« würde der Herrgott rufen. »Ja, ich komme gleich«, würde der Gärtner antworten, »ich kann jetzt nicht«, und er würde weiterhin in der Baumscheibe herumarbeiten.

Wäre der Gärtner-Mensch vom Anbeginn alles Seins an

durch natürliche Beschaffenheit entstanden, hätte er sich zur wirbellosen Kreatur entwickelt. Wozu braucht der Gärtner eigentlich ein Rückgrat? Anscheinend nur dazu, um sich alle Augenblicke aufzurichten und zu seufzen: »Ach, schmerzt mir der Rücken!« Was die Beine anbelangt, so lassen sie sich auf alle mögliche Weise zusammenlegen; man kann hocken, knien oder sie irgendwie unter sich zusammenzwängen oder aber über die Schulter werfen; die Finger sind zum Graben von Pflanzenlöchern zu benützen, die Fäuste zum Zerbröckeln der Erdklumpen oder zum Lokkern des Bodens, während der Kopf zum Einhängen der Pfeife dient: nur das Rückgrat gibt nicht nach, sosehr sich der Gärtner auch bemüht, es gebührend zu beugen. Ein Regenwurm im Garten hat doch auch kein Rückgrat. Für gewöhnlich wird der Gärtner oben vom Hinterteil begrenzt; Arme und Beine hält er gespreizt, den Kopf nach unten, ähnlich einer weidenden Mähre. Er ist nicht der Mann, der sich wünschte, ›nur um einen Zoll höher zu wachsen‹, im Gegenteil, er kürzt seine Gestalt, hockt sich nieder und macht sich auf alle mögliche Weise klein; so, wie ihr ihn zu Gesicht bekommt, ist er selten mehr als einen Meter hoch.

Die Pflege des Erdbodens hängt einerseits von der Verschiedenartigkeit des Umgrabens, Umhackens, Umwendens, Eingrabens, Auflockerns, Einebnens, Glattmachens und Kräuselns, anderseits von mancherlei Zusätzen ab. Kein Pudding wird umständlicher zubereitet als die Gartenerde. Soweit ich es verfolgen konnte, mengt man Dünger, Mist, Guano, Laub-, Rasen- und Ackererde, Sand, Stroh,

Kalk, Kainit, Thomas- und Kindermehl, Salpeter, Hornspäne, Phosphate, Abfälle, Kuhfladen, Asche, Torf, Kompost, Wasser, Bier, den Inhalt ausgeklopfter Tabakspfeifen, abgebrannte Streichhölzer, tote Katzen und noch viele andere wesentliche Bestandteile darunter. Das alles wird ständig gemischt, eingegraben und immer wieder gewendet. Wie gesagt, der Gärtner ist nicht ein Mensch, der an einer Rose riecht, sondern ein Wesen, das von der Vorstellung lebt, der Boden brauche noch Kalk oder, da der Boden schwer (wie Blei) sei, er benötige mehr Sand. Das Gärtnern gestaltet sich zu einer Art Wissenschaft. Heute dürften die Mädchen nicht mehr singen: »Unter meinem Fenster, da blüht ein Rosenstrauch.« Sie müßten eher singen: »Unter meinem Fenster sollte man Salpeter und Buchenasche mit feinem Häcksel streuen.« Die blühende Rose ist sozusagen nur für den Stümper da; die Freude des Gärtners liegt tief im Schoße der Erde verankert. Nach dem Tode verwandelt sich der Gärtner nicht zu einem Schmetterling, der, vom Blütenduft berauscht, von Blume zu Blume fliegt; nein, er wird ein Regenwurm, der in allen geheimnisvollen stickstoffhaltigen und würzigen Genüssen der Erde schwelgt.

Jetzt im Frühling lockt unwiderstehlich der Garten. Kaum haben die Gärtner den Suppenlöffel aus der Hand gelegt, sind sie auch schon bei ihren Beeten anzutreffen, das Hinterteil zum strahlenden Himmel erhoben; hier zerreiben sie eifrig einen Klumpen Erde zwischen den Fingern, dort pressen sie ein kostbares Stück vorjährigen Mistes an die Wurzeln einer Pflanze, da zupfen sie Unkraut, dort klauben sie Steine auf; hier wieder lockern sie die Erde um die Erdbeeren herum, kurz darauf bücken sie sich, die Nase am Boden, vor einigen Salatpflanzen und streicheln verliebt über die zarten Wurzeln. In dieser gebückten Lage genießen sie den Frühling, während über ihnen die Sonne im feierlichen Fluge um die Erde kreist, die Wolken vorübereilen und die himmlische Vogelschar sich paart. Schon erschließen sich die Kirschblüten, die jungen Blätter entfalten ihr zartes Grün, die Amseln schnippen verliebt; da richtet sich nun der echte Gärtner auf, streckt seinen Rücken und seufzt tiefsinnig: »Im Herbst muß ich tüchtig düngen und mehr Sand zugeben.«

Aber es gibt auch Augenblicke, wo sich der Gärtner zu seiner ganzen Größe aufrichtet und wächst: und das ist die Stunde, wo er seinem Garten die heilige Handlung des Gießens erteilt. Da steht er hoch aufgerichtet und gleichsam erhaben und lenkt das Wasser aus dem Hydranten; das erfrischende Naß ergießt sich in silbrigem rauschendem Strahl, der aufgelockerten Erde entströmt ein duftender Atem von Feuchtigkeit, jedes Blatt wuchert gleichsam ins Grüne und glänzt wohlgefällig vor lauter Freude, daß man es anbeißen möchte. »Aber nun ist es genug«, flüstert der Gärtner verklärt; damit meint er weder den mit Blüten übersäten Kirschbaum noch die rote Johannisbeere, er denkt dabei nur an die braune Gartenerde.

Und während die Sonne langsam versinkt, sagt der Gärtner, auf dem Gipfel der Zufriedenheit angelangt: »Aber heute habe ich mich geplagt!«

Johann Wolfgang Goethe

SIZILISCHE GÄRTEN

Palermo, Sonnabend, den 7. April

In dem öffentlichen Garten, unmittelbar an der Reede, brachte ich im stillen die vergnügtesten Stunden zu. Es ist der wunderbarste Ort von der Welt. Regelmäßig angelegt, scheint er uns doch feenhaft; vor nicht gar langer Zeit gepflanzt, versetzt er ins Altertum. Grüne Beeteinfassungen umschließen fremde Gewächse, Zitronenspaliere wölben sich zum niedlichen Laubengange, hohe Wände des Oleanders, geschmückt von tausend roten nelkenhaften Blüten, locken das Auge. Ganz fremde mir unbekannte Bäume, noch ohne Laub, wahrscheinlich aus wärmern Gegenden, verbreiten seltsame Zweige. Eine hinter dem flachen Raum erhöhte Bank läßt einen so wundersam verschlungenen Wachstum übersehen und lenkt den Blick zuletzt auf große Bassins, in welchen Gold- und Silberfische sich gar lieblich bewegen, bald sich unter bemooste Röhren verbergen, bald wieder scharenweis, durch einen Bissen Brot gelockt, sich versammeln. An den Pflanzen erscheint durchaus ein Grün, das wir nicht gewohnt sind, bald gelblicher bald blaulicher als bei uns. Was aber dem Ganzen die wundersamste Anmut verlieh, war ein starker Duft, der sich über alles gleichförmig verbreitete, mit so merklicher Wirkung, daß die Gegenstände, auch nur einige Schritte hintereinander entfernt, sich entschiedener hellblau voneinander absetzten, so daß ihre eigentümliche Farbe zuletzt verloren ging, oder wenigstens sehr überbläut sie sich dem Auge darstellten.

Welche wundersame Ansicht ein solcher Duft entfernteren Gegenständen, Schiffen, Vorgebirgen erteilt, ist für ein malerisches Auge merkwürdig genug, indem die Distanzen genau zu unterscheiden, ja zu messen sind; deswegen auch ein Spaziergang auf die Höhe höchst reizend ward. Man sah keine Natur mehr, sondern nur Bilder, wie sie der künstlichste Maler durch Lasieren auseinander gestuft hätte.

Aber der Eindruck jenes Wundergartens war mir zu tief geblieben; die schwärzlichen Wellen am nördlichen Horizonte, ihr Anstreben an die Buchtkrümmungen, selbst der eigene Geruch des dünstenden Meeres, das alles rief mir die Insel der seligen Phäaken in die Sinne sowie ins Gedächtnis. Ich eilte sogleich einen Homer zu kaufen, jenen Gesang mit großer Erbauung zu lesen und eine Übersetzung aus dem Stegreif Kniepen vorzutragen, der wohl verdiente, bei einem guten Glase Wein von seinen strengen heutigen Bemühungen behaglich auszuruhen.

Hermann Hesse

DÜFTE

DER DUFT DES HYAZINTH

ist zu schwer, dem Wind zu folgen,
steigt in honigsüßen Wolken
süß und schläfernd dem Betäubten
wie ein weicher Traum zu Häupten.

DER DUFT DER NELKEN

lodert auf in heißen Prächten
wie des Windes Hin und Wieder
in verträumten Sommernächten
Takte trägt gesungener Lieder,
kommt und glüht und geht von hinnen
in der heißen Luft und läßt
wie ein rasch verlohtes Fest
dir zurück ein schmerzlich Sinnen.

DER DUFT DES VEILCHENS

schwingt sich zart und lustbeklommen
über licht begrünte Hecken,

lockt dich, läßt dich näher kommen,
spielt ein schelmisches Verstecken,
löst in deiner Seele leise
eine langeher vergeßene,
süße, dennoch unermeßene
heimatliche Liebesweise.

DEN DUFT DER RESEDEN

mußt du mit geschloßnen Augen
aus der schlichten Blüte saugen;
heimlich wird er dann im Innern
dich der Heimat stets erinnern.

DER DUFT DES JASMIN

streift nächtelang die Gartensäume,
mit fremdbekanntem Reiz berückend,
auf blasse Schläferstirnen drückend
den schwülen Kranz verliebter Träume.

DER DUFT DER ROSE

nimmt dich in einen süßen Bann,
rührt dich liebkosend leise

wie eine Liederweise
mit Ahnung voller Schönheit an,
ist ohne Gleichnis rein und zart:
du kannst es nicht ermessen,
fühlst nur ein süß Vergessen
und eine süße Gegenwart.

DER DUFT DES HELIOTROP

trägt ein dunkel wunderbares
Locken wie das feuchte Glänzen
prachtvoll nach erregten Tänzen
aufgelösten Frauenhaares.

DER DUFT DER NARZISSEN

ist herb im Grund und dennoch zart,
wenn er mit Erdgeruch gepaart,
vom lauen Mittagswind gefaßt,
durch's Fenster kommt als stiller Gast.

Ich habe drüber nachgedacht –
das ist's, was ihn so köstlich macht:
daß er der Erstling jedes Jahr
im Garten meiner Mutter war.

Peter Sager

WARUM IST HELIGAN SO SEXY?

Das Gartenwunder von Cornwall

Tim Smit hat eine sehr einfache Theorie: »Wenn du in einem Garten keine Liebe machen kannst, wenn du dort nicht träumen oder dich betrinken kannst – asphaltier ihn doch, wozu ist er sonst gut?«

Mit solchen Brennesselsätzen traktiert Tim Smit gerne die Gentlemen der Royal Horticultural Society, wenn es um historische Gärten geht. Sissinghurst zum Beispiel, Nationalheiligtum der Blumenpilger, dort hat er zum ersten Mal ein Mädchen »so richtig geküßt«, als Schüler im benachbarten Cranbrook. »Wir pflegten nachts über den Zaun zu klettern, *it was great*. Das ist überhaupt die beste Zeit, um Sissinghurst zu sehen.«

Grinsend blickt er mich an, ein Kerl mit breitem, unrasiertem Kinn und hoher Stirn. Gekräuselte Nackenhaare, Holzfällerarme. Wenn je ein Bock zum Gärtner wurde, dann er, Tim Smit, ein Außenseiter ganz und gar, geborener Holländer, gelernter Archäologe, ehemaliger Popmusiker und Plattenproduzent. Ausgerechnet diesem Mann ist es gelungen, im Gartenparadies England ein Stück Wildnis freizulegen, das inzwischen zum meistbesuchten Garten des Landes avancierte, populärer noch als Stourhead und andere Ikonen der grünen Kunst.

Hinter dem Eingang bin ich gleich nach rechts abgebogen, mitten in den Dschungel. Chusan-Palmen, Bambusstauden, *Gunnera manicata*, Sumpfpflanzen mit riesigen Regenschirmblättern. Gelb leuchten die Aronstäbe unten in der Schlucht. Baumfarne breiten ihre Fächer aus, *Dicksonia antarctica*, Bäume aus der Vorzeit. Wenn jetzt ein Dinosaurier auftauchte, es würde mich nicht überraschen. Statt dessen kräht irgendwo ein Hahn. Wir sind nicht am Amazonas, sondern in Cornwall, im Regenwald von Heligan.

Der Dschungel ist nur ein Teil dieser Gärten in den Hügeln über dem Fischerdorf Mevagissey. Ausgedehnte Blumen- und Gemüsegärten gehören dazu, ein italienischer und ein neuseeländischer Garten, Gewächshäuser, Obstplantagen, ein ganzer Gartenkosmos, der sich seit dem 18. Jahrhundert um das Herrenhaus von Heligan entwikkelte, Nutzgärten, Ziergärten, exotische, verwunschene und am Ende gänzlich verlorene Gärten.

Heligan war ein Landgut, wie es in England Tausende gab. Kein aufregendes Haus, weder architektonisch noch gesellschaftlich. Seit der Tudorzeit lebten dort die Tremaynes, weitab von London, zufrieden mit ihrem eigenen Hof. Drei Generationen der Familie konzentrierten ihren Ehrgeiz auf die Gärten. Von den großen botanischen Expeditionen, aus den fernsten Winkeln des Empire besorgten sie sich Ableger, die im feuchten, milden Klima der Südküste Cornwalls weit prächtiger gediehen, wie sich zeigte, als das Empire selbst. Auch Arbeitskräfte waren noch billig; allein 22 Gärtner standen den Tremaynes im 19. Jahrhundert zu Diensten. Pfauen, Strauße und Affen trugen in edwardianischer Zeit zur Exotik der Gärten bei. Den Rasenmäher zog ein Esel namens Edward, bis er arbeitslos wurde, 1924, durch einen Motorrasenmäher. Doch da hatte der Niedergang von Heligan schon begonnen.

Nach dem Ersten Weltkrieg wurde das Haus vermietet, nach dem Tod des letzten männlichen Erben verkauft, später in Apartments unterteilt. Die Gärten verfielen. »Aber verloren waren sie für uns eigentlich nie, als Kinder spielten wir immer dort«, sagt Linda, meine Wirtin in Treleaven Farmhouse. Die Hälfte der Einwohner von Mevagissey, heißt es, sei im Palmendschungel von Heligan gezeugt worden.

»Ja, ein sehr fruchtbarer Ort«, lacht Tim Smit. Am 16. Februar 1990 sah er Heligan zum ersten Mal. Durch wuchernde Lorbeersträucher, über gestürzte Bäume und eingefallene Mauern bahnte er sich einen Weg, durch brusthohe Brennesseln und baumhohe Rhododendren, vorbei an den Ruinen von Gewächshäusern, deren Giebel wie sinkende Schiffe kieloben in der grünen Wildnis trieben. »Dieser Tag hat mein Leben verändert.«

Ursprünglich wollte Tim Smit in Heligan seltene Tierrassen züchten. Das lehnten die Planungsbehörden ab. Könnte nicht ein entlaufener Tiger in Mevagissey auftauchen, ein Krokodil aus der Kanalisation? Mißtrauisch verfolgten manche Einheimische auch den nächsten Plan des Plattenproduzenten aus London. Wollte er Heligans Gärten vielleicht nur restaurieren, um dort ein Popfestival zu starten, wie jener verrückte Bauer in Glastonbury? Während einer der vielen Gemeindeversammlungen flog plötzlich eine Fledermaus durch den Raum. Tim Smit fing sie nicht nur, er konnte sie auch sofort identifizieren: »Ein *Pipistrellus*, die kleinste britische Fledermaus.« So gewinnt man als Fremder selbst in Cornwall Respekt.

Im März 1991 begann in Heligan »die Gartenrestaurierung des Jahrhunderts« (*Times*). Rund sechzig Hektar Wildnis, keinerlei Gartenerfahrung außer jener Küsse in Sissinghurst: Unmöglich, warnten seine Freunde, die Größe, die Kosten – ruinös. »Auch die Gartenexperten des National Trust hielten mich für komplett verrückt.« Bei diesem Stichwort erinnert sich Tim Smit gerne an einen anderen Verrückten: »Sie kennen doch Fitzcarraldo? So etwa war das auch hier, als ob wir ein Opernhaus bauen wollten mitten im Dschungel.«

Ja, es war Wahnsinn. Und es hatte Methode. Anhand alter Karten, im Computer ausgewertet, wurden die Umrisse der Gärten, die Chronologie ihrer Entwicklung, sogar das ursprüngliche Wegenetz rekonstruiert, verlandete Teiche freigelegt und der Morast so sorgfältig entfernt, daß die romantische Uferkulisse erhalten blieb. Die hydraulischen Pumpen, die das Gut mit Wasser versorgten, wurden von derselben Firma restauriert, die das Originalsystem 1880 installiert hatte, ein erstaunliches Werk früher umweltfreundlicher Technologie.

Abgesehen vom Arbeitsbuch eines Obergärtners waren fast alle Pflanzendokumente verloren. Doch mit Metalldetektoren fanden Heligans Gartenarchäologen unter knietiefen Schichten von Laub und Erde mehr als 250 alte Pflanzenetiketten aus Zink oder Blei. Und so genießen wir heute wieder das authentische Vergnügen viktorianischer Rabatten: Allium und Astrantia, *Campanula latiloba*, *Sedum spectabile*. Und am Ende des Sundial Garden die mächtige Davidia mit ihren Taschentuchblüten.

Von Anfang an suchte Tim Smit den Rat der Männer mit dem grünen Daumen. Er engagierte einen Spezialisten für viktorianische Küchengärten; ein Experte der Bamboo Society identifizierte die verschiedenen Bambusarten, ein anderer die naturalisierten Baumfarne von Heligan, eine der umfangreichsten Sammlungen in Europa. Auch Dendrologen gehörten zu seinem Team, denn die Tremaynes hatten nicht nur Araukarien, Steineiben und Hunderte von Palmen gepflanzt, sondern auch fernöstliche Raritäten wie die *Toona sinensis*, *Pinus thunbergii* und eine ganze Allee mit *Cornus capitata*, Bäume aus Nepal mit buttergelben Blüten. Hier sollten wir Waldhörner ertönen lassen, wie der große Carl von Linné das tat, wenn er eine seltene Pflanze gefunden hatte.

Gartenhistoriker, Botaniker aus Kent, viele Experten trugen zur Restaurierung von Heligan bei. Doch die tägliche, jahrelange Klein- und Knochenarbeit taten andere, Gruppen von Freiwilligen und Arbeitslosen. Nur ein Besessener wie Tim Smit konnte dieses »unglaubliche Team« motivieren, ein Hasardeur mit grenzenlosem Selbstvertrauen, der andere dazu brachte, wieder an sich selbst zu glauben. »Viele waren in einer richtigen Abwärtsspirale, bevor sie Heligan fanden und ihr Leben wieder in den Griff bekamen. Wenn man ihnen diesen Garten nähme, würden sie sterben.«

Tatsächlich gibt es eher den umgekehrten Fall. »Manchmal löst ein einziger Besuch den Wunsch aus, in Heligan begraben zu sein oder wenigstens einen Baum oder eine Bank zur Erinnerung zu stiften«, sagt Tims Assistentin Kary. »Ja«, bestätigt Mick, ihr Kollege, »man kann seine Asche hier im Garten beisetzen lassen, aber wir können nicht verhindern, daß die Hunde sie wieder ausgraben.« Doch das scheint zum Letzten entschlossene Gartenfreunde nicht zu schrecken. »Wir haben zur Zeit vier Anfragen dieser Art, sehr bewegend«, sagt Tim Smit. »Mein Gott, denkt man plötzlich, so viel bedeutet manchem dieser Garten. Da spürt man auch, welche Verantwortung wir haben.«

Heligan ist ein Zauberwort, das an tiefere Schichten rührt als die Chelsea Flower Show. Gartenbegeisterung allein, das englische Nationalfieber, kann diese Faszination nicht erklären. Tim Smit selbst, kein Mann der kleinen Worte, nennt die Restaurierung von Heligan »eine Metapher der Erlösung und Entdeckung«. Die Geschichte dieser wunderbaren Regeneration weckt durchaus Hoffnungen höherer Natur, und wer auf konfessionellen Gottesäckern keinen Frieden findet, der mischt seine Asche mit dem Humus von Heligan.

»The Lost Gardens of Heligan«, das klingt nach Vineta,

nach Miltons wiedergefundenem Paradies, zumindest nach Dornröschen. Kein Garten hat einen romantischeren Titel als dieser, und keiner hat seine Blütenträume medienwirksamer inszeniert als Tim Smit. Gartenrestaurierung? Ach was, ein Dschungelabenteuer mitten in Cornwall, eine Expedition ins subtropische, viktorianische Unterholz. Hier war, am Ende des 20. Jahrhunderts, noch einmal jemand aufgebrochen wie einst die Pflanzenjäger des verlorenen Empire, und seine botanische Schatzinsel hieß Heligan.

Von Anfang an dokumentierte das Fernsehen diese Wiederentdeckung. Die landesweite Publicity lockte mehr als sechzig Sponsoren. Der Fernsehserie folgte ein Buch, das mit fast 100 000 Exemplaren zum Bestseller wurde. Heligan bekam zwei Sternchen im *Good Gardens Guide*, dem Michelin der Gartenfans, und *Country Life* kürte den PR-Profi Tim Smit zum »Gärtner des Jahres«. »Wir sind berühmt«, sagt er, zufrieden grinsend wie der bockbeinige Pan nach einem Gartenabenteuer.

»Gardening is the new sex«, schrieb jüngst die *Times*. Heligan ist so sexy wie *tiger lily*, die Feuerlilie: vital, üppig, voll von Überraschungen. »Wir langweilen die Besucher nicht mit National-Trust-Werten, mit *heritage* – Gerede und diesem ganzen Zeug«, sagt Tim Smit. Kein »historisches Erbe« wird hier auf einen Sockel gestellt, als sei die Vergangenheit ein besserer Ort. Geschichte, zumal Gartengeschichte, ist ein großer Komposthaufen, und den haben meist die bewegt, deren Namen nicht in den Geschichtsbüchern stehen, sondern wie in Heligan auf den Wänden der Gartentoilette.

Die Graffiti, die Tim Smit dort fand, waren Namen junger Gärtner, die vor 1914 in Heligan gearbeitet hatten. Fast alle waren sie nicht zurückgekehrt von den *killing fields* in Flandern oder Gallipoli. Ihren Alltag hatte Tim Smit vor Augen, als er die »Verlorenen Gärten von Heligan« restaurierte: »Wir wollten das Leben dieser einfachen Männer und Frauen feiern, die mehr als die Lords und Ladies zur Blüte solcher Gärten beigetragen haben.«

Was von ihrer Arbeit übrigblieb, ist in einem Schuppen gesammelt: Spaten, Hacken und Hippen, Jätekrallen und Distelstecher, Kantenstecher, Rillenzieher, Köpfschippen und Hohlspatel, Häufler und Karst, ein ganzes Arsenal alter Gartengeräte, manche Namen nun schon so fremd wie ihr Gebrauch, fast schon abstrahiert zu reinen Designobjekten von nostalgischem Reiz, wäre mit ihrem Anblick, in diesem dämmrigen Schuppen, nicht doch noch die Erinnerung verbunden an soviel Schwielen und gekrümmte Rücken. Auch ein paar Giftzerstäuber aus Messing liegen da. Daß die Viktorianer gesunde, organische Methoden der Gärtnerei betrieben, ist eine Legende. Sie spritzten mit Schwefel, Cyanid, Nikotin, Strychnin, und zwar fast alle Pflanzen. Gewächshausgärtner hatten keine hohe Lebenserwartung. Nicht umsonst hießen diese Giftzerstäuber *widow-makers*.

Fragt man Tim Smit nach seinen Lieblingspflanzen, dann nennt er keine botanischen Raritäten und Beauties, sondern Wildblumen und Brombeeren, »die naiven Pflanzen, so etwas Unschuldiges wie Schneeglöckchen«. Es sind auch nicht die exotischen Winkel von Heligan, die er am liebsten aufsucht, sondern die Nutzgärten. Wenn er die langen Reihen der Gemüsebeete sieht, das Spalier der Apfelbäume, Pflaumen und Aprikosen, Kletterbohnen, Stangenbohnen, dann überkommt ihn Breughelsches Behagen, »das Gefühl der Fülle, die Fruchtbarkeit des Bodens.«

Allein Kartoffeln, welche Vielfalt! *Edzell Blue* und *Golden Wonder*, *May Queen*, *Belle de Fontenay* – Namen wie Rosen, jede Sorte mit eigenem Geschmack. Doch längst ist diese Vielfalt bedroht durch stupide Standardisierungsgesetze der EU. »Unglaublich, wie fad heute Obst und Gemüse aus Supermärkten schmecken«, sagt Tim Smit. Eine landesweite Kampagne will er starten gegen die auch genetisch gefährliche Nivellierung unserer Lebensmittel. Wer einmal das Biogemüse von Heligan gekostet hat, wird Brüsseler Einheitstomaten nur noch als Wurfgeschosse benutzen.

Aber was ist das? Eine Reihe gemauerter Gräben, mit Glas und Holzplanken abgedeckt. Tim Smit zieht einen der Glasrahmen zurück. Ananasdüfte wehen mir entgegen, unvergleichlich intensiv. »*Jamaica Queen*«, sagt Tim Smit stolz, als sei's die Königin persönlich. Diese unscheinbare Anlage ist das kuriose Prunkstück von Heligan: ein originalgetreu restaurierter georgianischer Ananasgraben, tropisch erwärmt auf englische Art, durch den Prozeß der Kompostierung von Pferdemist. Das hat naturgemäß auch den Thronfolger mächtig beeindruckt: »Da müßt ihr aber eine Menge Scheiße schaufeln«, meinte Prinz Charles angesichts dieser genialen Ananasheizung.

Aus dem Melonengarten in den Dschungel Neuseelands. Vorbei an blutroten, purpurnen Blütenwänden, Hookers Rhododendren, in die Schattenwelt der Farne, Flechten und Moose. Durch die Schlucht, die einmal ein Steingarten war. Felspfade, Waldwege. Es regnet, wie es nur in Cornwall regnet. Erst schien es nur ein Dunst, feucht, warm, ein Sprühen wie aus tausend Gewächshausdüsen. Aber irgendwie waren diese Düsen defekt, nicht abzustellen. Regenwaldgefühle. Möchte man so enden, als Wasserpflanze in Heligan?

»Sie haben einen guten Tag erwischt«, sagt Tim Smit. »Heligan ist am schönsten im Regen. Dieser Ort hat eine sanfte Melancholie, absolut magisch, besonders am Abend, wenn die Schatten kommen.« Manche Besucher indes, auch Mitarbeiter, fanden es nicht ganz geheuer in Heligan. Als die Berichte über seltsame, haarsträubende Erscheinungen sich häuften, ließ Tim Smit einen Priester kommen. »Wir mußten die Gärten einem richtigen Exorzismus unterziehen, mit Gebeten und reichlich Weihwasser.« Und, hat es geholfen? »Es gibt nur noch kleinere Vorfälle. Im Pflanzenschuppen beobachtete ein Ehepaar neulich, wie sich die Deckel von vierzehn Blumentöpfen nacheinander in die Luft erhoben. Dann hörten sie ein Seufzen, Fußschritte zur Tür, die sich öffnete und wieder schloß. I like that«, sagt Tim Smit, als sei's der gute Geist des Marketing, der da in Heligan umgeht.

Kein Garten der Britischen Inseln hat mehr Besucher als dieser, rund 350 000 im Jahr. Eine Goldgrube, Jahresumsatz: rund 7,5 Millionen Mark. Doch hat Heligan auch hohe Lohnkosten. Mit 57 Angestellten und mehr als 40 Teilzeitkräften ist Tim Smit einer der größten Arbeitgeber in einer Region, deren Arbeitslosenquote bis zu 25 Prozent erreicht. Cornwall ist Englands ärmste Grafschaft. Um so mehr beglückt es ihn, den Zugereisten, zugleich mit den Gärten auch die verlorenen Lebensgrundlagen einer kleinen Gemeinde wiederhergestellt zu haben.

Keiner weiß freilich besser als Tim Smit, daß die Geschichte dieser Gartenrestaurierung am Ende ungewöhnlicher ist als der Garten selbst. Es gibt hier nicht eine einzige Pflanze, die man nicht auch in anderen Gärten fände. Was Heligan einzigartig macht, ist etwas anderes: die Verbindung von Blumen- und Nutzgärten, Park und subtropischem Dschungel, vor allem aber seine Atmosphäre. Diese romantische Aura zu erhalten, trotz wachsender Besucherströme, sieht Tim Smit als seine Hauptaufgabe. Und pflanzen möchte er, Bäume, Sträucher, als sei ihm Heligan inzwischen schon wieder zu aufgeräumt: »Let it grow over again and become a bit more lost!«

Jenseits von Heligan liegt Eden. Längst plant Tim Smit den Garten der Zukunft: ein gigantisches Gewächshaus mit einer Serie von Kuppeln, verankert in den Felswänden einer verlassenen Kaolingrube in Cornwall. Nicholas Grimshaw, Architekt des Londoner Eurostar-Bahnhofs, hat dieses größte Gewächshaus der Welt entworfen, mit verschiedenen Klimazonen, für mehr als 10 000 Pflanzenarten. Es ist ein Kapitel aus dem verlorenen Paradies, das

Tim Smit dort inszenieren will: die Symbiose von Pflanze und Mensch, eine Überlebensgeschichte für das 21. Jahrhundert.

Eden ist eines der spektakulärsten Projekte der Millennium Commission. Rund 240 Millionen Mark soll dieser botanische Erlebnispark kosten. Eröffnung: Frühjahr 2001. »Wir erwarten etwa 750 000 Besucher«, sagt Tim Smit, und er verspricht uns »a bloody good day out«. Tim, wir kommen!

Julia Strauß

BALKON!

Der Stadtbewohner, der seine Gäste auf dem Balkon bewirten kann, leistet ihnen einen doppelten Dienst, denn sie können sich einbilden, daß sie einige Stunden im Freien zugebracht haben, wobei niemand daran denkt, was alles in der Stadt Aufenthalt im Freien genannt wird.

Der Moderne Knigge, 1906

VOM FRISCHLUFTZIMMER

Bei der Wohnungssuche schafft er es locker unter die Top Five der ewigen Wünsche. Kein Wunder, denn dem Balkon gelingt (fast) die Quadratur des Kreises: Man ist draußen in der Welt, ohne die eigenen vier Wände verlassen zu müssen. Ob Regen oder Sonne, ein paar Minuten auf dem Freisitz vermitteln ein Gefühl für die Elemente und lockern auch ausgedehnte Sofa-Wochenenden auf. Darüber hinaus ist ein Balkon vor allem praktisch: Wenn man morgens nicht zaghaft den Fuß aus der Balkontür strecken könnte, ließe sich die Garderobe viel schlechter an überraschend warmes oder kaltes Wetter anpassen. Noch dazu nimmt er und niemand sonst es einem übel, wenn man ihn nur halb anständig angezogen betritt. Er dient vorzüglich als Notaufnahme für rauchende Pfannen, Getränkekisten und als Versteck für heimliche Geliebte, denn wer hat schon genug Platz in seinem Schrank? Kurzum: Selbst ein Balkon von der Größe einer Tageszeitung ist besser als keiner. Man sollte allerdings bedenken, dass so ein Wohnungsvorsprung auch eine Art Visitenkarte ist, gewissermaßen der Vorgarten im dritten Stock. Vergessen Sie nicht die unstillbare Neugierde der Nachbarn und grüßen Sie auch ab und zu würdevoll zur Straße hinunter, ganz so, als wäre das vorbeiströmende Volk auf dem Bürgersteig nur Ihretwegen gekommen.

Sicher ist, dass ein Balkon es nicht verdient hat, sein Schicksal als Rumpelkammer zu fristen. Somit gibt es immer etwas zu verschönern, zu entrümpeln oder zu putzen – eine wunderbare Aufgabe für ein Wochenende, an dem die unbeständige Witterung oder die eigene Laune gegen ein Verlassen des Hauses spricht, frische Luft aber dennoch willkommen ist. Abgesehen von den unendlichen Möglichkeiten der Verwandlung in einen Nutz-, Zier- oder Zen-Garten, lassen sich Hängematten, Lichterketten und Lampions installieren, ein Holzboden verlegen, Sonnensegel und Grill ans Geländer hängen, je nach spiritueller Neigung auch Wäscheleinen und Gebetsfahnen. In Neapel steht auf jedem Balkon ein Transporteimer mit Flaschenzug, dank dem man sich das Treppensteigen spart! Was auch immer Sie mit Ihrem Balkon vorhaben, eine Laterne auf dem Balkon zu haben ist immer schön. Die flackert gemütlich, begrüßt Heimkehrende und Gäste und ist Ihr eigener kleiner Leuchtturm, mitten in der Stadt.

Paula Almqvist

FRAUENSÜNDEN

Mein Co-Gärtner wies mich kürzlich darauf hin, dass in diesem Buch die Männer nicht allzu gut wegkämen. Würden angeprangert als grobe Keile, die Borretschblätter für den Salat nicht von giftigem Fingerhut unterscheiden können. Als motorisierte Heckenscheren-Fetischisten, die niedermetzeln, was grad zur Blüte ansetzt. Als Djangos auf dem Aufsitz-Rasenmäher, mit dem sie im Garten durchstarten, als befänden sie sich auf dem Nürburgring. Das ist natürlich nichts als die Wahrheit – und einer muss sie ja mal aussprechen.

Wahr ist aber auch, dass Frauen im Garten ebenfalls einige geschlechtsspezifische Macken haben.

Es macht Männer rasend, dass die meisten Frauen nix von Werkzeugpflege verstehen. Hat man ihnen nicht oft genug gepredigt: »Öl und Spiel sind die Seele der Mechanik?«

Es ist den meisten Männern völlig unerklärlich, wieso ihre Frau niemals mit einem fleckigen Pullover aus dem Haus ginge, keinesfalls einen ungespülten Kochtopf in den Küchenschrank stellte – aber ganz lässig die Forke und den Sauzahn lehmverschmiert einfach in der Botanik stehen lässt. Wieso sie während der berüchtigten Eisheiligen ihre Anzucht-Pflänzchen ins Wohnzimmer schleppt wie die Katze ihr Junges – aber draußen die Heckenschere dem

Rost überlässt und die wertvolle englische Gießkanne dem Frost.

Und wieso begreifen Frauen im Leben nicht, wie man ein Messer oder einen Spaten schleift? (Zugegeben: Der gekonnte Umgang mit dem Wetzstein ist auch in der Küche eine der letzten männlichen Bastionen.)

Ja, und potztausend, hat man dieser Frau nicht schon zigmal erklärt, wie man eine Schaufel richtig hält? Nicht am Blatt und nicht am oberen Stielende anfassen, das ist doch wohl klar, selbst wenn man eine fünf in Physik hatte.

Und ist es eigentlich ein Naturgesetz, dass Gärtner mit einem XX-Chromosom keine Säge vernünftig führen können? Die Frau will nur mal eben einen vergreisten Fliederast kappen und verklemmt den Fuchsschwanz regelmäßig so, dass sie den Pannenhelfer rufen muss.

Bekanntlich beginnen die hartleibigsten Partnerschaftskrisen mit den harmlosen Sätzen: »Musst du denn i m m e r …?« und »Kannst du nicht e i n m a l …?«.

Musst du immer den Schubkarren falsch rum stehen lassen, nämlich so, dass sich das Wasser darin sammelt und die Karre binnen kurzem verrostet?

Kannst du nicht einmal den Spaten saubermachen, bevor du ihn in den Schuppen stellst? Kannst du nicht einmal deine Gartenschere bei dir behalten und vor dem Regen reinholen, statt sie permanent zu verlieren und dann ungefragt mein liebevoll gepflegtes Drei-Sterne-Modell auszuleihen?

Und da in den meisten gärtnerischen Kohabitationen die Pflege des Komposthaufens Männersache ist (die Frau blümelt derweil mit ihren zarten Fingern), schwelt auch dort ein Konflikt. Wie oft schon hat er ihr erklärt, wie wichtig Kleinhäckseln und Wenden ist. Die Frau schmeißt aber, wenn in gärtnerischem Schwung, Riesenbrocken auf den Kompost und denkt, das wird schon irgendwann zu Erde werden.

Kommt hinzu: Selbst Frauen, die ihre Parfumfläschchen und Cremetiegel wie die Zinnsoldaten nach Farbe und Größe aufstellen, pflegen ihre Harken und Rechen mit den Zinken nach außen an die Wand zu lehnen, so dass der Mann in Dämmerung und Gummistiefeln drauftritt und es ihm den Stiel an den Kopf haut.

Und während viele Gärtnerinnen ihre manikürten Fingernägel schonen und bei groben Arbeiten Handschuhe tragen (im Gegensatz zum Mann, der als ganzer Kerl meist ohne arbeitet, so dass wir nachts von einem Reibeisen gestreichelt werden), denken sie sich nichts dabei, ihren Mann an den Rand des Witwertums zu treiben, indem sie in Flipflops auf steile Leitern klettern, um spontan die Weinranken aufzubinden.

Mein angeheirateter Hilfsgärtner kriegt auch regelmäßig Brennnessel-Gefühle, wenn ich mit Espadrilles auf den Spaten steige: in der linken Hand eine windgeknickte Gladiole, in der rechten ein zerknülltes Papiertaschentuch mit ein bisschen Akelei-Saat …

Dass Frauen generell besser zum Multitasking geeignet sind, will er einfach nicht akzeptieren.

Marie Luise Kaschnitz

AUGUSTGARTEN

10. August

Der Garten in B. im Augustlicht, das so einzigartig ist, weil es das Metall des Herbstes, auch die Klarheit des Herbstes schon in sich trägt. Dazu gibt es in diesem Monat mehr Farben als in jeder anderen Jahreszeit, die rosa, weißen und blauen Sommerblumen sind noch immer da, während die gelben und roten Herbstblätter bereits erscheinen. Rosa und weißer Phlox, weißer und tiefblauer Rittersporn, blaue Lupinen, rosa und blaurote Rosen und daneben schon die kräftig riechenden, um nicht zu sagen stinkenden Tagetes, gelbrot, Zinnien in allen Farben, gelbe und rote Dahlien und die ersten Sonnenblumen noch erhobenen Hauptes am aufgereckten Stengel. Heiße, aber schon kürzere Hochsommertage, die man festhalten möchte, aber nicht festhalten kann, nicht einmal sagen, was so beglückend ist an all dieser wilden Blüte, den Lichtfluten über geschorenen Rasenflächen, den feinen Schatten, die am Nachmittag die Rabattenrosen auf den Sandweg werfen. In der sogenannten Pferdelaube sitze ich, lasse meine Blicke wandern, registriere die Bäume des Gartens, den alten unter seinem Efeubelag langsam sterbenden Birnbaum, die junge, schwarzblättrige Trauerulme, die alten, schon ein wenig schütteren Hainbuchen, die junge Eiche, die junge Katalpa, den alten Apfelbaum, der mit zahllosen winzigen Äpfelchen im nahezu blattlosen Gezweig seinen letzten Sommer erlebt. Den Perückenstrauch mit seinen grauseidenen Haarbüscheln, den Ginkgo mit dem zweigeteilten, dem Goetheschen Liebesblatt, die Trauerweide, die ebenfalls noch jung ist, aber gewaltig, auch gar nicht traurig, sondern komisch strukturlos, wie gewisse Hunde, die Kopf, Rücken, Beine, Schwanz unter einer lang herabhängenden Felldecke verstecken. Nachmittag im August, großes Glücksgefühl, und doch keine Möglichkeit mehr, ah und oh zu schreien, nur zu sagen, was da ist und wie man selbst da ist, halb lahm, aber gesund, auf einem weißen Gartenstuhl, und das Herz vor Freude zuckend, aber ein Gedicht wird daraus nicht, heute nicht mehr. Zum ersten Mal sind in diesem Jahr die beiden breiten Mittelrabatten nicht mit Stauden, sondern mit einer Polyantharose bepflanzt, Name Betty Preier, grellrosa, fast bestürzend, aber eine Hochsommerlust ohnegleichen, während die schon erwähnten kranken Hoflinden November spielen, nur daß an einigen Zweigen, tief unten verwunderlicherweise, ganz neue Blätter treiben, jung, lichtgrün, zart.

Gabriella Pape

FARBENSPIELE

Farbe muss in die Gärten, viel mehr Farbe! Nicht alles durcheinander, aber so, dass die Jahreszeiten sich austoben können und ausgedrückt werden. Es sollten keine Klischees bedient werden, nach dem Motto: Dieses Jahr ist Weiß angesagt oder Rosa oder Pink oder Blau. Monochrom funktioniert bei schlechter Witterung oder in kleineren und winzigen Gärten überhaupt nicht.

Die berühmten Gärten von Vita Sackville-West, der englischen Schriftstellerin und Gartenbesitzerin, Freundin der Dichterin Virginia Woolf, waren gleich ein paar Hektar groß. Dort in Sissinghurst ging sie einfach, wenn die Sonne schien, in den weißen, und wenn es nieselte oder dieser verblüht war, in den warmfarbenen, den gelb-orange-roten Garten. Sie hatte sich tatsächlich monochrome Gartenräume innerhalb ihres großen Gartens geschaffen – welch ein wunderbarer Luxus, den sich leider kein Durchschnittsbürger in seinem Garten leisten kann. Und doch sollte man versuchen, zu unterschiedlichen Jahreszeiten mit vielen Farben zu spielen.

Farben können die eigenen Herzenswünsche ausdrücken. Wir sollten zu den Farben greifen, die wir begehren, denn unsere Seelen haben bestimmte Wünsche und Sehnsüchte – zu bestimmten Jahreszeiten, aber auch in bestimmten Lebenslagen oder aus spontaner Freude. So haben starke

Farben gerade mit meiner gegenwärtigen Situation zu tun, mit Lebensbejahung und der Euphorie des Neubeginns. Wir können und sollten versuchen, uns unsere Wunschfarben in Verbindung mit unseren Lebensumständen und -zielen bewusst zu machen und danach zu handeln, in dem Sinne, dass wir uns mit ihnen umgeben.

Dazu gehört auch, übernommene Gewohnheiten, die oft bis in die Kindheit zurückgehen, beiseitezulegen, sie nicht weiter zu pflegen und nicht die ausgetretenen Wege zu beschreiten, die wir von unseren Müttern und Vätern kennen und auf denen wir selbst seit zwanzig, dreißig oder vierzig Jahren herumlaufen. Die Entscheidungen der Elterngeneration resultierten meist aus einem Mangel an Angeboten, und so pflanzten sie oft zwangsläufig das ewig Gleiche, sie konnten gar nicht anders, auch wenn sie gewollt hätten. Ich will den Menschen zeigen, wie leicht es ist, mutig zu sein und das zu suchen und zu pflanzen, wonach die eigene Seele verlangt. So werden unsere Gärten lustbetonter und fröhlicher werden, bunter, lustiger und freudvoller, sie werden uns ein Lächeln in die Gesichter zaubern.

Monochrom und dunkel – das haben wir genug, insbesondere nach einem Winter. Im Frühjahr ist alles erlaubt, da freut sich das Herz über die ersten weißen Schneeglöckchen und die knallgelben Narzissen, da jubelt die farbentwöhnte Seele, wenn erst einmal die bunten Tulpen loslegen. Es sind Sonnenstrahlen, die aus der Erde kriechen und sich zeigen. In dieser Zeit sind alle Farben sogar in einem einzigen Strauß erlaubt: Rot, Blau, Gelb, Grün, Lila, Orange. Es ist die Sehnsucht nach dem Erwachen der Erde, dem Zurücklassen des Winters, die Lust auf wärmere, hellere, längere Tage. Diese Sehnsüchte teilen wir alle. Und je nördlicher wir leben, umso mehr wachsen sie an, diese Sehnsüchte nach dem bunten Leben.

Im Sommer wird es dann sanfter und weicher in den Farben, ihre Wahrnehmung verändert sich. Die Farben verblassen durch die stärkere Sonneneinstrahlung, die Lichtintensität lässt die Menschen schattigere Plätze suchen, um sich und ihre Augen zu schützen. Es sind die Plätze, die sie im Frühling gerade verlassen hatten, um in der Sonne neue Energie zu tanken. Der Spätsommer zeigt dann Gelb, Orange und Rot oder auch viele sanfte Blautöne, im Vergleich zum Frühjahr eine warme, milde Buntheit. Dann kommt die Fülle der Erntefarben. Bronze und Purpur gesellen sich hinzu, alles wird ruhig und melancholisch. Im Winter schließlich haben wir Grün, Braun, Kupfer mit sehr viel Struktur, Gräser etwa und Hecken, die den Frost aushalten.

Nicht irgendwelche angesagten Farbentrends sind entscheidend, sondern die Farben mit ihren besonderen Stimmungen, die die Menschen meist ähnlich interpretieren, denen allgemeine Bedeutungen zugesprochen werden, Konventionen ähnlich. In unserem Unterbewusstsein haben wir alle eine ähnliche Farbenlehre, so wie wir ähnliche (nicht identische!) Vorlieben für Düfte und Geschmacksnoten besitzen.

Zum Beispiel Weiß. Ein weißer Garten sieht in Hamburg, wo es oft oder viel regnet, immer leicht tot aus, ziemlich schmuddelig. Ganz anders im Schatten beim häufig guten Wetter einer anderen Region. In unserem Chelsea-Showgarten war im hinteren Bereich sehr viel Schatten, deshalb haben wir dort fast nur mit Weiß gearbeitet, weil Weiß Licht reflektiert. Für das schattige Grundstück also gilt, weiße Anemonen und andere weiße Pflanzen im Hintergrund zu platzieren, um dort Licht hineinzutragen.

Blau und Rot absorbieren hingegen das Licht, das heißt, Rot und Blau müssen immer im Vordergrund stehen. Solches Farbwissen ist wichtig für bunte Beete: Sie sollten an der Terrasse in der Nähe des Hauses sein. Wer sein rot-blaues Beet hinten im Garten anlegt, verschenkt die ganze Pracht. Man hätte dann von der Terrasse aus gesehen nicht viel davon, es sei denn, man geht durch den Garten nach hinten zum Beet. Frauen mögen Gelb nicht so sehr. Ein Hauch von Gelb jedoch lässt Weiß noch weißer erscheinen. Das ist ein Trick, der aus nässeren Regionen kommt, gerade auch aus England. Dort mag man die weißen Gärten sehr, trotz des häufigen Regens. Deshalb pflanzen die Engländer immer ein paar Sträucher und Gräser mit einem Hauch von Gelb dazwischen, Limettengelb, Grüngelb, sodass das Weiße weißer wirkt, selbst wenn es schon verregnet ist. Ich habe schon so manchen deutschen Gartenbesitzer angetroffen, der die weißen Gärten in England gesehen hat und ganz verzweifelt fragte, warum die dort so unglaublich weiß seien und warum wir das nicht hinkriegen. Etwas Gelb dazwischen – das ist das ganze Geheimnis.

Bei Karl Foerster war Blau eine dominante Farbe. Blau sei keine bloße Farbe, hat er geschrieben, Blau sei eine Welt, die kein Mensch überschauen könne, noch nach einem neunzigjährigen Leben sähe er sich »vor blauer Unsterblichkeit der Aufgaben«. Für ihn ist die blaue Blumenfarbe »die größte Verzauberin des Gartens und die größte Versöhnerin anderen Blumenfarbenstreits«. Blau ist tatsächlich etwas Wunderbares, vor allen Dingen das helle Blau, weil auch dieses trägt, im Gegensatz zum dunklen Blau, das nicht trägt, also keinen Hintergrund abgibt und deshalb dicht ans Haus gepflanzt werden sollte. Dem dunklen Blau fällt es zu schwer, von weit her zu wirken.

Mir selbst geht es mehr um die Kombination von Farben. Ich mag Rot sehr, aber Rot im Garten ist eine ganz schwierige Farbe, wenn sie allein steht. Derzeit finde ich Orange bezaubernd, zum Beispiel in der Kombination von Orange und Blau – das wirkt zusammen wie frische Zitrone. Diese Vorliebe kann aber im kommenden Jahr schon wieder anders ausfallen.

Mit Farben lässt sich spielen. Ich liebe das Farbenspiel, das Isabelle so perfekt beherrscht. Nach dem Studium in Kew Gardens, als wir unsere ersten Pflanzpläne konzipiert hatten, waren wir zunächst etwas snobistisch eingestellt: Wir bevorzugten etwa lila Pastelltöne. Dann besuchten wir den bekannten großen englischen Staudengarten Hidcote, wo eine mächtige Rabatte gepflanzt war, in der alles in Rot gehalten war, ein einziges rotes Blütengeschrei. Es war uns eigentlich zu laut. Einige Wochen später waren wir noch einmal dort und es herrschte ein mieses, fieses, graues Wetter, ungemütlich mit Nieselregen: Da ist uns diese rote Rabatte ins Auge gesprungen, so leuchtend und warm und lebendig – einfach herrlich. Und da haben wir sie zum Teufel geschickt, diese Vorurteile gegenüber Farben.

Der Spaß am Farbenspiel lässt sich ausleben, wenn wir im Beet mit kontrastierenden oder harmonierenden Farben arbeiten. In den vergangenen Jahren haben wir sehr kräftige Farben verwendet, zum Beispiel kräftiges Rot mit Lila, da darf es auch ruhig mal einen lauten Farbenknall geben. Auch bei den Farben gilt: Man kann und soll seinem Herzen folgen. Wer das Gefühl hat, dass Zitronengelb und Magentarot gut zusammenpassen, der sollte das in die Tat umsetzen und sich nicht darum kümmern, was die Schwiegermutter dazu sagt oder die beste Freundin.

Wir möchten die Menschen so gern zu Veränderungen anregen und wollen bei ihnen neue Bedürfnisse wecken, denn gerade der Garten sollte die Langeweile vor das Tor verbannen oder auf den Kompost befördern. So geht es uns ja selbst als Gärtner: Nach Jahren, in denen wir uns verstärkt für warme Farben entschieden hatten, merkten wir auch bei uns, dass wir satt davon waren – wir entdeckten Lilablau, das in der Folge aus unseren Schaubeeten und Angeboten hervorstach. Einmal hatten wir unser Sommerpflanzenangebot schön nach Farbtönen wie auf einer Farbenskala geordnet. Und ein anderes Mal eher gemischt, nicht willkürlich, sondern in Farben gruppiert, etwa Gelb, Orange, Rot zusammen. So steht auch uns der Sinn im Umgang mit den Farben immer ein bisschen anders. Besonders mit diesen Sommerpflanzen für Balkon und Kübel kann man immer wieder etwas anderes zaubern und zu jeder Saison ein gänzlich anderes Farbenspiel anstimmen.

Wir wollen die Menschen aus der Bequemlichkeit und der Langeweile des Vorhersehbaren, des Altbekannten und Alltäglichen herausholen, wollen sie neugierig machen, ihnen Möglichkeiten aufzeigen und sie experimentierfreudig machen, damit sie nicht nur sehnsuchtsvoll in fremde Rabatten, öffentliche Parkanlagen oder (Garten-)Zeitschriften blicken, sondern am Ende mit erstaunten großen Augen, stolz, lächelnd und voller Freude in ihrem eigenen Garten stehen.

Johannes Roth

DIE SEELE DES GARTENS IST DER KOMPOST

Mit dem Kompostieren verhält es sich ähnlich wie mit dem Kochen. Gewöhnlich bleibt es an den Frauen hängen. Bindet sich der Mann die Schürze um, so will er nicht die Verantwortung am Herd übernehmen, sondern spaßeshalber der Pfanne etwas Besonderes entlocken. Der Mann in der Küche ist heiter. Er liefert ein Kunststückchen ab.

Mit dem Kompostieren verhält es sich doch anders. Nimmt der Mann die Grabgabel zur Hand, so will er den Gärtner nicht nur spielen, sondern die Verantwortung für den Humus übernehmen. Der Mann am Kompost ist ernst. Kompostieren ist nicht bloß eine Kunst, die dem aufs Praktische gerichteten Sinn des Weibes überlassen bleiben könnte, Kompostieren ist eine Wissenschaft. Und darum Glaubenssache. Der Kompost hat seine Apostel und Missionare; und ein wachsendes Heer von Gläubigen, zu welchen sich der Schreiber zähneknirschend zählen muß. Darum spöttelt er jetzt nicht mehr, sondern fängt noch mal von vorne an.

Manche haben ein Trimmgerät im Keller, manche setzen sich ins Auto und fahren in den Wald, andere rennen im Trainingsanzug ums Viertel, andere bleiben im Haus und bedienen das Fernsehgerät. Der Glückliche hat einen Kompostplatz im Garten. Denn der Kompost will bewegt werden. Nein, um Gottes willen, er wird nicht an jedem Wochenende umgesetzt. Aber er verlangt nach Aufmerksamkeit, er bedarf der Pflege. Er wird angerichtet, durchgemischt, aufgeschichtet, feucht gehalten, vor der Sonne geschützt und vor zuviel Regen, mit Kalk oder Basaltmehl gepudert, mit Lehm versetzt, mit Hornmehl verbessert, gelüftet, geklopft und abgedeckt. Am Kompostplatz gibt es immer was zu tun. Der Kompost ist nicht ein Abfallhaufen, er ist die Seele des Gartens. Was ein Garten wert ist, läßt sich an Blüten und Blättern ablesen, am schnellsten sieht man es am Kompost. Zeige mir deinen Kompostplatz, und ich weiß Bescheid. Wird er deshalb oft im hintersten Winkel versteckt? Oder weil er stinkt? Kompost stinkt nie, solange nicht grobe Fehler gemacht werden. Wenn es nach Fäulnis riecht, war der Gärtner faul. Nichts auf der Welt duftet besser, behaupten manche, als reifender Kompost.

Ängstliche, die sich nicht blamieren wollen, legen erst gar keinen Kompostplatz an. Das ist der größte Fehler. Sie meinen auch noch, daß sie sich etwas ersparen. Aber sie verlieren. Nicht nur Geld an die Düngemittelhersteller. Was sie sich und ihrem Garten entgehen lassen, wenn sie Laub und Rasenschnitt, Unkraut, Geäst, Gemüsestrünke und Bananenschalen in die Mülltonne stopfen, füllt dicke Bücher. Fast vierhundert Seiten sind es bei Fritz Caspari: Fruchtbarer Garten; Wirtschaftsverlag Klug. Hundertfünfzig Seiten bei Eberhard Spohn: Selber kompostieren für Garten und Feld; Schnitzler-Verlag. Zweihundert Seiten bei Alwin Seifert: Gärtnern, Ackern ohne Gift; Biederstein-Verlag. Den Seifert muß man gelesen haben; er ist der Pionier, wenn auch erst in den Fußtapfen der Anthroposophen. Vor allem ist er ein hinreißender Erzähler, und seine Begeisterung steckt an. Das Wichtigste in Kürze bringt das Ullstein-Taschenbuch von Christian Seiffert und Alwin Keller: Düngefibel für den Garten. Der Titel klingt nicht verheißungsvoll, doch der Laie begreift hier (weil die Biochemie sogar noch in den Tabellen spannend gemacht wurde), was da passiert in den manchmal wie toten, manchmal so heißen Haufen. Und warum die Zugabe von Lehm unerläßlich ist: für den eigentlichen Erfolg, für den Dauerhumus, den Nährstoffhalter.

Hat einer in diese Bücher hineingeschmeckt, muß er sich vielleicht ein Gartengerät kaufen, das er noch nicht kannte, den Krail zum Beispiel, und ein Säckchen Steinmehl oder Kalimagnesia; aber er kann nun auf das meiste aus den Regalen der Grünen Märkte verzichten, jedenfalls auf die chemischen Kampfmittel. Kompost stärkt, befriedet und entseucht. Wo er zum Zug kommt, kann die Giftspritze eingemottet werden. Davon ein andermal, denn das ist schon wieder ein neues Kapitel: Die wunderbare Wirkung der Komposterde. Zuerst will sie hergestellt sein. Ganz Schlaue ziehen sich aus der Affäre, indem sie sich einen Schnellkomposter, einen Humusbereiter, einen Gär-Silo aus Beton oder Eisen ins Gebüsch stellen. Sie bringen sich aber um das Schönste: um die Arbeit und um die Übung in Geduld. Außerdem erfahren sie nie, wie man Regenwürmer glücklich macht, die Gastarbeiter im Kompost. Mit Zwiebelresten zum Beispiel. Wo solch ein Kompost-Ofen steht, ist der ebenso teure elektrische Häcksler nicht weit, der die gröberen Abfälle kreischend zerkleinert. Gewiß, da wird fürs Geld auch Zeit gespart, ganze Äste verschwinden wie nichts, der Verrottungsprozeß, der sonst Monate dauert, wird auf wenige Wochen verkürzt.

Unsereins aber will Zeit gewinnen: Zeit zum Denken, Dösen, Träumen. Da sind die ruhigen Stunden im Winter, wenn Gezweig kleinzumachen ist zu fingerkurzen Stücken; was unter der Hand mühelos bricht, wird dem Garten gleich zurückgegeben, stärkeres Holz wird beiseite gelegt für den Kamin und kommt erst übers Jahr als kostbare Asche wieder. Da sind die schattigen Nachmittage in der warmen Jahreszeit, wenn es ans Umsetzen geht, wenn das Innere des Haufens nach außen, das Äußere nach innen und viel Luft dazwischengebracht wird, wenn die schon reifen Krümel dunkelbraun auseinanderfallen und wie Walderde duften – und waren vor einem halben Jahr noch Gras und Bohnenstroh, Weihnachtsbaum und Pferdeapfel, Zigarrenstummel und Kartoffelschale.

Zu Erde sollst du werden! Am Humus mag, wer will, auch sein Memento mori haben. Der Unwillige erkennt immerhin den Kreislauf der Natur im Zeitraffer: Aus der Küche auf den Kompost, aufs Gemüsebeet, in die Küche. Und sieht: Ernsthaftes Kompostieren hat mit fröhlichem Kochen zu tun.

Elsemarie Maletzke

DIE CHAOSGÄRTNERIN

Manche brauchen es schriftlich, daß sie in Ilse Hennings Garten unerwünscht sind: »Nicht für Kaninchen« steht auf dem Brett, das unter dem lila Gartentor hängt. Die von einem Frankfurter Kasernengelände entwichenen Nager hatten sich bis in ihren Stadtgarten durchgefressen und -gewühlt. »Ich habe auf dem Balkon gestanden und mit Kartoffeln und Zwiebeln nach ihnen geworfen«, sagt die Gärtnerin. Getroffen hat sie nicht. Erst ein eingegrabener Drahtzaun konnte die Plage aufhalten. Und die Klappe unter dem Tor? Hält dicht. »Die könnten nur durchschlüpfen, wenn sie zu zweit kämen und einer das Brett hochhielte.«

Das Kaninchenverbot, die gezielten Zwiebelwürfe, der ganze üppig und lustig sprießende Garten weisen Ilse Henning als eine Person aus, der unter dem gerade geschnittenen Bubikopf das Schräge nicht fremd ist. Wie anders als mit grimmem Witz sollte man sonst an einer mörderischen Frankfurter Ein- und Ausfallstraße einen Garten hegen? »Wenn ich heute auf einer Speisekarte Kaninchen finde, bestelle ich es sofort.«

Als Ilse Henning geboren wurde, war die Straße vor ihrem Elternhaus noch eine Allee – die Landstraße nach Eschersheim – und der Garten eine kleine Obstbaumwiese mit einer Reihe Hortensien am Rand. Als Studentin der

Volkskunde, Germanistik und Politik hat sie dort ihre Liege aufgeklappt und sich gesonnt. Sie wohnte unterm Dach und konnte den Garten nicht sehen. Erst als sie 1988 in die Wohnung im ersten Stock zog, blickte sie vom Balkon ins Grüne, auf die Bäume und Hinterhausgärten der Nachbarn, aber was sie zu ihren Füßen sah, gefiel ihr nicht. Neben den schönen rosa und blauen Blütenbällen der alten Hortensien gähnte ein hortikulturelles Nichts.

Sie begann das Gras zu mähen und ein paar »hilflose Beete« anzulegen. Den Kirschlorbeer hat sie später wieder ausgerissen; die roten und gelben Tulpen, die zuverlässig in jedem Frühjahr erscheinen, sind die letzten Mohikaner aus diesen Pionierjahren. Farben, Sichtachsen, Blühphasen, Lage, Pflanzennachbarschaften – »null Ahnung«. Aber gegen Ahnungslosigkeit gibt es ja Bücher. Ilse Henning las, besuchte andere Gärten, lernte mit Leichtigkeit die botanischen Pflanzennamen und spürte, wie das Gartenfieber stieg. Seit dreißig Jahren hat es sie nun im Griff.

Als sich der Obstbaumhain zu lichten begann und die Beete sich füllten, beauftragte sie eine Gartenarchitektin, ihr einen Stauden- und Hortensiengarten zu entwerfen, und machte dann doch alles lieber selbst. Das Ergebnis ist ihr 150 Quadratmeter großer »Chaosgarten«, der sich »ohne Rücksicht auf Pflanzenbilder oder Staffelungen« aus dem Schatten der großen Bäume ringsum ans Licht reckt und den nur der Zaun daran zu hindern scheint, in seine Umgebung hinauszuplatzen. Was früher offen war – jetzt ist es zu, gefüllt mit lebendigem Grün, oder mit Kübeln,

Kannen, Eimern, Rankgerüsten. Selbst das scheinbar Lükkenlose birgt immer noch Möglichkeiten. Denn so wenig wie die Gärtnerin zu einem neuen Gartenbuch Nein sagen kann, so wenig kann sie an einer interessanten Staude vorbeigehen. »Platz ist kein Kriterium!« Du kommst mit! Was sich breitzumachen gedenkt, wird in die Höhe gezogen: Gehölze, Rosen, Clematis – diese bevorzugt. Etwa hundert von ihnen ringeln sich um Obelisken und Gerüste, darunter die eine oder andere »heikle Tussi«. Clematis sind ideal. »Unten brauchen sie wenig Pflege, oben machen sie viel her.« Hinzu kommen 65 Hortensien, fünfzig Kamelien und eine ganze Hosta-Parade in Kübeln und Töpfen.

Eine Sonnenliege hätte heute keinen Platz mehr im Garten, höchstens ein Hocker in der »Dreckecke« beim Kellereingang, wo sie ihre Pötte und Werkzeuge verwahrt. Statt dessen gibt es einen Gartenteich, über den sich die Rose Schwanensee neigt und dessen Zulauf, wenn man nur nahe genug sitzt, das Verkehrsgetöse jenseits des lila Tors überplätschert. An der Garagenwand hängt zwischen den starken Ästen der Kletterhortensie eine Sammlung alter Zinkkannen, auf einem Pflasterstück steht eine Sitzrunde aus würdig ergrauten Holzmöbeln. Eine Glyzinie in Bleumourant seilt sich an der Hauswand hoch. Es gibt eine steinerne Bank unter der *Magnolia grandiflora*, einen chinesischen Feldherrn auf einem röhrenförmigen Podest und unzählige auf Stäben aus dem dichten Grün spitzende kleine Terrakottafiguren in Fabeltier- und Menschengestalt.

»Die größte Gefahr für meine Pflanzen bin ich«, sagt die

Gärtnerin. Im Gewühl kann schon mal eine platt getreten werden, aber um so größer ist die Freude an den Überlebenden, die sich durchgekämpft haben.

Ein mit Efeu bewachsener Spitzbogen bezeichnet den Anfang, ein flötespielender Putto das Ende der »Buchsallee«. Sie ist zwar nur zweieinhalb Schritte lang, aber es gibt keinen Grund, sie deshalb kurz zu achten, denn sie weist auf die Philosophie dieses Gartens hin, in dem das Zitat für das Ganze steht, der kleine Maßstab für den großen und der pflanzliche Drang zur Dschungelbildung der lokkeren Kontrolle der Chaosgärtnerin unterliegt, die von sich sagt: »Eigentlich bin ich Pedantin.« Die Pflanzlisten, die sie einmal über ihre Clematis, ihre Hortensien und Kamelien geführt hat, sind Rumpfwerk geblieben. »Ich scheitere an meinen Ansprüchen und an meiner Sammelwut.«

Ilse Hennings »Woodland« neben dem Putto in der Gartenecke mißt nur einen guten Quadratmeter, gleichwohl sprießen dort Farn und Lerchensporn, Allium, Waldmohn, Funkien und Frühlings-Platterbse. Wer sagt, daß ein »Leberblümchenpfad« länger als 75 Zentimeter sein sollte? Wer, daß ein Garten groß sein muß, um sich darin zu verlieren? Überall in den Beeten liegen Trittplatten, getarnt von Bodendeckern, die ihre Aufgabe ernst nehmen. »Ich kann stundenlang darin herumlaufen, beobachten und entdecken«, sagt sie, »und wie Leute mit weitläufigeren Gärten behaupten, nicht alle Tage in alle Gartenteile zu kommen.«

Etwa in den »Sonnengarten«, der eher im Halbschatten

liegt und in dem sie königliche Geschöpfe nebeneinandergesetzt hat, die rosa Rose »Reine Victoria«, den blauen Ceanothus »Gloire de Versailles«, die rote Clematis »Lady Di« und die blaue »Prince Charles«; ein Arrangement, dessen Sinnhaftigkeit nur den Wissenden erbaut. Von selbst käme ein Außenstehender nicht auf den fürstlichen Zusammenhang. Er ist ein Teil der verborgenen Zitate, Anspielungen und Witze, die in Ilse Hennings Garten stecken und die sie mit ihren Pflanzen teilt. Ein Chaos mit Theorie.

Max Frisch

MAN SITZT IN DEN GÄRTEN

In den Wiesen stehen die Stelzen und Leitern hinauf ins Gebäum, und die Jahreszeit streicht wie eine unsichtbare Gebärde über die Hänge. Äpfel plumpsen, Wespen summen um die Süße der Vergärung. In Früchten, zu kurzer Reife verdichtet, fällt uns die sommerliche Sonne noch einmal zu, Süße erinnerter Tage! Man sitzt in den Gärten; Sonne scheint uns durch alle Gespräche hindurch, und die Gärten werden weit wie ein jähes Erstaunen, eine blaue Geräumigkeit nistet sich ein in den Wipfeln der Bäume, und wieder lodert das Welken an den Hauswänden empor, klettert das Laub in glühender Brunst der Vergängnis. Daß Jahre vergehen und manches geschieht, wer sieht es! Alles ist eins, Räume voll Dasein. Nichts kehrt uns wieder, alles wiederholt sich. Unser Dasein steht über uns wie ein einziger Augenblick, und einmal zählt man auch die Herbste nicht mehr. Alles Gewesene lebt wie die Stille über den reifen Hängen. Am Weinstock des eigenen Lebens, siehe, so hangen die Trauben von Abschied …

Oscar Wilde

DER EIGENSÜCHTIGE RIESE

An jedem Nachmittag, wenn die Kinder aus der Schule kamen, gingen sie in den Garten des Riesen und spielten da.

Es war ein großer hübscher Garten mit weichem grünem Gras. Hier und da auf dem Rasen standen schöne Blumen wie Sterne, und da waren auch zwölf Pfirsichbäume, die im Frühling zartrosa und perlweiß blühten und im Herbst reiche Frucht trugen. Die Vögel saßen auf den Bäumen und sangen so süß, daß die Kinder immer wieder in ihren Spielen innehielten, um zu lauschen.

»Wie glücklich wir hier doch sind!« riefen sie einander zu.

Eines Tages kam der Riese nach Haus. Er war auf Besuch bei seinem Freund, dem gehörnten Menschenfresser, gewesen und sieben Jahre bei ihm geblieben. Als die sieben Jahre um waren, war alles gesagt, was er ihm zu sagen hatte, denn sein Gesprächsstoff war sehr beschränkt, und so beschloß er, auf sein eigenes Schloß zurückzukehren. Als er nach Hause kam, sah er die Kinder in seinem Garten spielen. »Was tut ihr hier?« rief er sehr mürrisch, und die Kinder liefen weg. »Mein Garten, das ist mein Garten«, sagte der Riese, »das sieht jeder ein, und ich erlaube niemandem sonst, darin zu spielen als mir selber.« Also baute er eine mächtige Mauer ringsum und stellte eine Warntafel auf:

UNBEFUGTES BETRETEN DIESES GRUNDSTÜCKS
IST BEI STRAFE VERBOTEN!

Es war ein sehr eigensüchtiger Riese.

Die armen Kinder hatten jetzt nichts mehr, wo sie spielen konnten. Sie versuchten's auf der Landstraße, aber die Landstraße war sehr staubig und steinig, und sie mochten sie nicht leiden. So gingen sie also, wenn die Schule aus war, um die große Mauer herum und sprachen von dem schönen Garten dahinter. »Wie glücklich waren wir da«, sagten sie zueinander. Dann kam der Frühling, und über der ganzen Gegend waren kleine Blüten und kleine Vögel. Bloß in dem Garten des eigensüchtigen Riesen blieb es Winter. Die Vögel machten sich nichts daraus, darin zu singen, weil keine Kinder da waren, und die Bäume vergaßen zu blühen. Einmal steckte eine schöne Blume ihr Köpfchen aus dem Gras hervor, aber als sie die Warntafel sah, war sie so betrübt um die Kinder, daß sie wieder in den Boden hineinschlüpfte und weiterschlief. Die einzigen Leute, die sich freuten, waren der Schnee und der Frost. »Der Frühling hat diesen Garten vergessen«, riefen sie, »so wollen wir hier das ganze Jahr hindurch leben.« Der Schnee deckte das Gras mit seinem großen weißen Mantel, und der Frost bemalte alle Bäume silberweiß. Dann luden sie den Nordwind ein, bei ihnen zu wohnen, und er kam. Er war in Pelze ganz eingehüllt und brüllte den ganzen Tag durch den Garten und blies die Schornsteine herunter. »Das ist ein ganz herrlicher Platz«, sagte er, »wir müssen den Hagel auf eine Visite bitten.« Und so kam der Hagel. Jeden Tag prasselte er drei Stunden lang auf das Schloßdach herunter, bis er fast alle Schieferplatten zerbrochen hatte, und dann lief er rund um den Garten, so schnell er nur konnte. Er war ganz grau angezogen, und sein Atem war wie Eis.

»Ich versteh nicht, warum der Frühling so spät kommt«, sagte der eigensüchtige Riese, als er am Fenster saß und auf seinen kalten weißen Garten hinuntersah. »Ich hoffe, das Wetter ändert sich bald.« Aber der Frühling kam nie und auch nicht der Sommer. Der Herbst gab jedem Garten goldene Früchte, aber dem Garten des Riesen gab er keine. »Er ist zu eigensüchtig«, sagte der Herbst. So war es da immer Winter, und der Nordwind und der Hagel und der Frost und der Schnee tanzten um die Bäume.

Eines Morgens lag der Riese wach im Bette, als er eine liebliche Musik vernahm. Es klang so süß an seine Ohren, daß er dachte, die Musikanten des Königs zögen vorüber. Aber es war bloß ein kleiner Hänfling, der von seinem Fenster sang, nur hatte er so lange keinen Vogel mehr in seinem Garten singen hören, daß es ihm wie die schönste Musik der Welt vorkam. Da hörte der Hagel auf, über seinem Kopf zu tanzen, und der Nordwind zu blasen, und ein köstlicher Duft kam zu ihm durch den geöffneten Fensterflügel. »Ich glaube, der Frühling ist endlich gekommen«, sagte der Riese; und er sprang aus dem Bett und schaute hinaus.

Und was sah er?

Er sah was ganz Wunderbares. Durch ein kleines Loch in

der Mauer waren die Kinder hereingekrochen und saßen in den Zweigen der Bäume. In jedem Baum, den er sehen konnte, saß ein kleines Kind. Und die Bäume waren so froh, die Kinder wieder bei sich zu haben, daß sie sich ganz mit Blüten bedeckt hatten und ihre Arme anmutig über den Köpfen der Kinder bewegten. Die Vögel flogen umher und zwitscherten vor Entzücken, und die Blumen guckten aus dem grünen Gras hervor und lachten. Es war entzükkend anzusehen, und nur in einem Winkel war es noch Winter, und dort stand ein kleiner Junge. Er war so klein, daß er nicht an die Äste hinaufreichen konnte, und er lief immer um den Baum herum und weinte bitterlich. Der arme Baum war noch ganz bedeckt mit Frost und Schnee, und der Nordwind blies und heulte über ihm. »Klettere herauf, kleiner Junge«, sagte der Baum und senkte seine Äste, so tief er konnte, aber der Junge war zu klein.

Da wurde des Riesen Herz weich, als er das sah. »Wie eigensüchtig ich doch war!« sagte er; »jetzt weiß ich, weshalb der Frühling nicht hierherkommen wollte. Ich will dem armen kleinen Jungen auf den Baumwipfel helfen, und dann will ich die Mauer umwerfen, und mein Garten soll für alle Zeit der Spielplatz der Kinder sein.« Er war wirklich sehr betrübt über das, was er getan hatte.

So schlich er hinunter und öffnete ganz leise das Tor und trat in den Garten. Aber als die Kinder ihn sahen, erschraken sie so, daß sie alle wegliefen, und im Garten wurde es wieder Winter. Bloß der kleine Junge lief nicht weg, denn seine Augen waren so voll Tränen, daß er den Riesen nicht kommen sah. Und der Riese kam leise hinter ihm heran, nahm ihn zärtlich auf seine Hand und setzte ihn hinauf in den Baum. Und sogleich fing der Baum zu blühen an, und die Vögel kamen und sangen in ihm, und der kleine Junge breitete seine Ärmchen aus, schlang sie um den Hals des Riesen und küßte ihn auf den Mund. Und wie die anderen Kinder sahen, daß der Riese nicht mehr böse war, kamen sie schnell zurückgelaufen, und mit ihnen kam auch der Frühling.

»Der Garten gehört jetzt euch, Kinderlein«, sagte der Riese, und er nahm eine große Axt und hieb die Mauer um. Und als die Leute um zwölf Uhr zum Markt gingen, sahen sie den Riesen mit den Kindern spielen, in dem schönsten Garten, den sie je geschaut hatten.

Den ganzen Tag spielten sie, und am Abend kamen sie zum Riesen und wünschten ihm eine gute Nacht.

»Aber wo ist denn euer kleiner Kamerad?« fragte er, »der Junge, dem ich auf den Baum geholfen habe?« Der Riese liebte ihn am meisten, weil er ihn geküßt hatte.

»Wir wissen's nicht, er ist fortgegangen.«

»Ihr müßt ihm sagen, er soll sicher morgen wiederkommen«, sagte der Riese. Aber die Kinder antworteten, sie wüßten nicht, wo er wohne, und sie hätten ihn zuvor nie gesehen; da wurde der Riese sehr traurig.

Jeden Nachmittag nach Schluß der Schule kamen die Kinder und spielten mit dem Riesen. Aber der kleine Knabe, den der Riese so liebte, ließ sich nie mehr sehen. Der Riese war sehr gut mit den Kindern, aber er sehnte sich nach seinem kleinen Freunde und sprach oft von ihm. »Wie gern möcht' ich ihn wiedersehn!« sagte er immer und immer.

Jahre vergingen, und der Riese wurde sehr alt und schwach. Er konnte nicht mehr unten mit den Kindern spielen, und so saß er in seinem mächtigen Armstuhl und sah ihnen zu und freute sich an seinem Garten. »Ich habe viele schöne Blumen«, sagte er; »aber die allerschönsten Blumen von allen sind die Kinder.«

An einem Wintermorgen sah er beim Ankleiden aus seinem Fenster. Jetzt haßte er den Winter nicht mehr, denn er wußte, daß der Frühling nur schlief und die Blumen sich ausruhten.

Plötzlich rieb er sich verwundert die Augen und sah und sah. Es war wirklich ein wundersamer Anblick. Im fernsten Winkel des Gartens war ein Baum ganz bedeckt mit lieblichen weißen Blüten. Seine Äste waren lauter Gold, und silberne Früchte hingen an ihnen, und darunter stand der kleine Knabe, den er so geliebt hatte.

Hocherfreut eilte der Riese die Treppe hinunter und in den Garten. Er lief über den Rasen auf das Kind zu. Und als er ihm ganz nahe gekommen war, wurde sein Gesicht rot vor Zorn, und er sagte: »Wer hat es gewagt, dich zu verwunden?« Denn an den Handflächen des Kindes waren Male von zwei Nägeln, und Male von zwei Nägeln waren an den kleinen Füßen.

»Wer hat es gewagt, dich zu verwunden?« rief der Riese; »sag es mir, damit ich mein großes Schwert nehme und ihn erschlage.«

»Ach nein«, antwortete das Kind; »dies sind die Wunden der Liebe.«

»Wer bist du?« sagte der Riese, und eine seltsame Scheu überkam ihn, und er kniete nieder vor dem kleinen Kinde.

Und das Kind lächelte den Riesen an und sprach zu ihm: »Du ließest mich einst in deinem Garten spielen, heute sollst du mit mir kommen in meinen Garten, in das Paradies.«

Und als die Kinder an diesem Nachmittag hereinstürmten, da fanden sie den Riesen tot unter dem Baume liegen und ganz bedeckt mit weißen Blüten.

Johannes Roth

WAS MACHT DER GÄRTNER IM WINTER

Der Winter ist des Gärtners schönste Zeit. Draußen knackt der Frost. Drinnen knackt es im Kamin. Es duftet auch. Ein Arm voll getrockneter Lavendelrispen ist dem Feuer übergeben worden. Und Nigel Rogers füllt den Raum mit florentinischen Liebesliedern. Er singt von einem Feuer anderer Art, das ihm ein Mädchen entzündet hat, so daß er nun glüht wie ein Vulkan: Ah, ch'io vengo un Mongibello. Während Cembalo, Gambe und Violine seinem brennenden Herzen den musikalischen Sauerstoff zuführen, schaut der mitfühlende Gärtner durch die Scheibe hinaus in die kalte Natur: Baum und Strauch stehen starr im Reif, aber Amseln streiten hitzig um Haferflocken, die gar nicht für sie gedacht sind, Meisen, Finken knacken Sonnenblumenkerne, Spatzen schwirren. Ein Dompfaff dazwischen. Ein Dompfaff? Plötzlich ist es am Gärtner, starr hinterm Fenster zu verharren, obwohl die Schöne, damigella tutta bella, dem Sänger gerade neue Gluten entfacht: Vom unteren Garten her nähert sich der Fasan samt seinen vier Damen zögernden Schritts dem überdachten Futterplatz.

Der Winter ist des Gärtners schönste Zeit. Wochenlang kann er sich aufs Zuschauen beschränken. Er ist zum Nichtstun verurteilt. Nicht einmal über den gefrorenen Rasen darf er laufen, das schadet den Gräsern. Er geht bloß zweimal die Woche über die Trittsteine am Bach entlang zum Kompostplatz, bringt die Küchenabfälle unter. Er gräbt sie ein, deckt mit Laub und Reisig ab, damit Kaffeefilter und Orangenschalen nicht von Elstern und anderen Rabenvögeln in der Nachbarschaft verteilt werden. Auf dem Rückweg zum Haus sieht er nach den Wühlmausfallen. Leer. Doch daneben ein frischaufgeworfener Erdhaufen. Und noch einer. Nur nicht ärgern. Bald, wenn die Wolfsmilch wieder wächst und die Kaiserkrone blüht, bald geht es der Wühlmaus an den Pelz.

Der Winter ist des Gärtners schönste Zeit. Vergessen ist der grausame Sommer mit den Arbeitswochenenden, den Fünfzehn-Stunden-Tagen, an denen der Gartenbesitzer nach dem Säubern und Aufräumen der lehmverschmierten Gerätschaften gegen Mitternacht noch einmal steifbeinig hinaustappte ins frischgeschorene Rasengelände und den Sprenger nun nicht mehr versetzte, sondern abschaltete, hernach mit weichen Knien kaum noch den Weg aus der Dusche ins Bett gefunden hat.

Was ist der Winter für eine angenehme Zeit! Zeit der Ruhe, Zeit zum Bedenken. Das Rotkehlchen hilft mit. Es ist immer dabei. Erst schnickert es unsichtbar in ferneren Gehölzen. Dann kommt es näher, umkreist den Gartenbegeher. Äugt und wippt. Aus Neugier oder Sorge? Wer weiß es. Gewiß ist nur, sagt der Ornithologe, daß diese Rotbrust ein Männchen ist; die Weibchen und die Jungen fliehen vor dem Frost nach Süden. (Nein, sagt ein anderer. Falsch. Manche fliegen weg, manche bleiben, ob Männchen oder Weibchen.) Der dicke Gärtner und der kleine Vogel allein in der Winterstille. Der Vogel fliegt eilends hin und her. Auch der Gärtner ist voll geheimer Unruhe.

Anderntags steht er wieder am Fenster und schaut hinaus. Hinaus ins Offene, Durchsichtige, Aufgeräumte oder auf das vom Schnee gnädig Zugedeckte. Er schaut und ist zufrieden. Da und dort könnte es, genau besehen, besser sein. So manches muß anders werden. Der Pantoffelgärtner sieht Arbeit. Gleich fürs Frühjahr. Das freut ihn. Verdrießen könnten ihn die lästigen Amseln, weil sie noch unter dem Deckreisig hervor das schützende Laub auf den Rasen zerren. Sängen sie nicht bald wieder so hinreißend, morgens um fünf und abends um neun, man müßte sie alle erschießen, die Amseln. Knurrend zieht er die Schuhe an, weil er nicht länger zusehen kann, wie sie am Teich, der sich als ein Bach durch den Garten zieht, vergebens das Wasser suchend übers Gefrorene rutschen. Also den Pickel aus dem Keller holen, Trinkplätze und Badestellen ins Eis stoßen. Es lohnt die Mühe. Bis zum Bauch stehen die ungeliebten Schwarzröcke dann am seichten Rand im Geröll, tauchend, flügelschlagend, spritzend. Eine Schar Stare fällt ein. Das ist erst ein Schauspiel! Stare, wenn sie baden, das sind Wasserwerfer, Spritzbrunnenaufdreher, Fontänenmeister. Ein Südfenster gehört freilich dazu, und ein Gegenlicht.

Der Winter ist des Gärtners schönste Zeit. Wann sonst sieht er so klar, wie stattlich der Bambus steht? Auch das Chinarohrgras, das zierliche, aber schon ebenso hohe. Im Sommer schießen die Halme ins Kraut, alles schießt da ins Kraut und verschwindet hinter seiner Lebenskraft. Jetzt haben die mannshohen, weich überhängenden Stengel von Fargesia murielae ein Drittel ihrer Blätter verloren, jetzt, vor dem schrägen Licht, beleben sie bizarr belaubt die grau und weiße Leere. Ganz anders, drei Meter hoch, aber nicht weniger schön, die trocken raschelnden Fahnen des großen Chinaschilfs, Miscanthus japonicus, am Wasserfaß. Pflanzenschönheit für ein Wintergedicht.

Der Gärtner ist kein Dichter, sondern Täter. Er setzt die Mütze auf, packt Handschuhe, Säge und Scheren, taucht den Pinsel in die Büchse mit dem Baumwundmittel, marschiert ins Freie, obwohl die schwache Sonne von blauweißen Wolkenwalzen weggeschoben wird, die einen wirbelnden, doch fast folgenlosen Schneeschauer von Nordwesten übers Haus werfen – er kann nicht länger warten. Ein Taschenbuch aus dem Ulmer-Verlag ist ihm in die Hand gekommen: »Der Winterschnitt von Obst- und Ziergehölzen«, von Günter Pardatscher. Gewiß, er besitzt dickere Bücher zum Thema, aber dieses hat er gelesen. Und Herr Pardatscher hat ihn auf Trab gebracht. Nicht nur der Hibiskus wartet aufs verjüngende Auslichten. Der ganze Garten wartet. Der Winter, gottlob, ist bald vorbei.

INHALT

LITERATURNACHWEISE

Paula Almqvist, »Vom Gartenleben«, S. 60, »Mit Blumen reden«, S. 97, »Frauensünden« S. 123. Aus: Paula Almqvist, *Mitteilungen aus meinem Garten.* © Schöffling & Co. Verlagsbuchhandlung GmbH, Frankfurt am Main 2011.

Bertolt Brecht, »Der Blumengarten«, S. 72. Aus: Bertolt Brecht, *Buckower Elegien.* In: *Werke.* Große kommentierte Berliner und Frankfurter Ausgabe. 30 Bände (in 32 Teilbänden) und ein Registerband. Band 12: *Gedichte 2.* Suhrkamp Verlag Frankfurt am Main 1989. © Copyright 1964 by Stefan S. Brecht.

Frances Hodgson Burnett, »Der geheime Garten«, S. 77. Aus: Frances Hodgson Burnett, *Der geheime Garten.* Aus dem Englischen von Angelika Beck. insel taschenbuch 3618. © Insel Verlag Berlin 2010.

Karl Čapek, »Von der Kunst des Gärtnerns«, S. 100. Aus: Karl Čapek, *Das Jahr des Gärtners.* Aus dem Tschechischen von Grete Ebner-Eschenhayn. © Insel-Verlag Anton Kippenberg, Leipzig 1958.

Eva Demski, »Mein Garten«, S. 10. Aus: Eva Demski, *Gartengeschichten.* insel taschenbuch 4003. © Insel Verlag Frankfurt am Main 2009.

Max Frisch, »Man sitzt in den Gärten«, S. 145. Aus: Max Frisch, *Stich-Worte.* Ausgesucht von Uwe Johnson. © Suhrkamp Verlag Frankfurt am Main 1967.

Johann Wolfgang Goethe, »Sizilische Gärten«, S. 104. Aus: Johann Wolfgang Goethe, *Italienische Reise.* Herausgegeben und mit einem Nachwort versehen von Christoph Michel. insel taschenbuch 175. Insel Verlag Frankfurt am Main und Leipzig 1976.

Hermann Hesse, »Düfte«, S. 106. Aus: Hermann Hesse, *Sämtliche Werke.* Band 9: *Die Gedichte.* Herausgegeben von Volker Michels. © Suhrkamp Verlag Frankfurt am Main 2003.

Hermann Hesse, »Wie ein Märchen aus der Kindheit«, S. 21. Aus dem Fragment »Jenseits der Mauer«. In: Hermann Hesse, *Sämtliche Werke.* Band 4: *Die Romane: Der Steppenwolf. Narziß und Goldmund. Die Morgenlandfahrt.* © Suhrkamp Verlag Frankfurt am Main 2001.

Tom Hodgkinson, »Säe aus«, S. 45. Aus: Tom Hodgkinson, *Schöne alte Welt. Ein praktischer Leitfaden für das Leben auf dem Lande.* Aus dem Englischen von Anita Krätzer. insel taschenbuch 4228. © 2011, Rogner & Bernhard, Berlin.

Marie Luise Kaschnitz, »Der alte Garten«, S. 33. Aus: Marie Luise Kaschnitz, *Der alte Garten.* Ein Märchen. In: *Gesammelte Werke in sieben Bänden.* Herausgegeben von Christian Büttrich und Norbert Miller. Band 3. Insel Verlag Frankfurt am Main 1981. © Iris Schnebel-Kaschnitz. Abdruck mit freundlicher Genehmigung.

Marie Luise Kaschnitz, »Augustgarten«, S. 127. Aus: Marie Luise Kaschnitz, *Gesammelte Werke in sieben Bänden.* Herausgegeben von Christian Büttrich und Norbert Miller. Band 3. Insel Verlag Frankfurt am Main 1981.

Luzie Krolow, »Mai«, S. 63. Aus: Luzie Krolow, *Das Jahr meines Gartens.* Insel Verlag Frankfurt am Main 1990. © Peter Krolow. Abdruck mit freundlicher Genehmigung.

Elsemarie Maletzke, »Die Chaosgärtnerin«, S. 140 © Elsemarie Maletzke. Abdruck mit freundlicher Genehmigung der Autorin.

Gabriella Pape, »Farbenspiele«, S. 129. Aus: Gabriella Pape, *Meine Philosophie lebendiger Gärten.* Unter Mitarbeit von Dr. Harro Schweizer. insel taschenbuch 4115. © 2010, Irisiana, München, in der Verlagsgruppe Random House GmbH.

Rainer Maria Rilke, »Lied«, S. 9, »Kindheit«, S. 95. Aus: Rainer Maria Rilke, *Die Gedichte.* Nach der von Ernst Zinn besorgten Edition der »Sämtlichen Werke«, Insel Verlag 1957. insel taschenbuch 2246. © Insel Verlag Frankfurt am Main und Leipzig 1986.

Johannes Roth, »Die Seele des Gartens ist der Kompost«, S. 136, »Was macht der Gärtner im Winter«, S. 153. Aus: Johannes Roth, *Gartenlust. Fünfzig Blumenstücke und Anleitungen zur gärtnerischen Kurzweil.* insel taschenbuch 1390. © Insel Verlag Frankfurt am Main und Leipzig 1992.

Peter Sager, »Warum ist Heligan so sexy? Das Gartenwunder von Cornwall«, S. 109. Aus: Peter Sager, *Englische Gartenlust. Von Cornwall bis Kew Gardens.* insel taschenbuch 4133. © Schöffling & Co. Verlagsbuchhandlung GmbH, Frankfurt am Main 1999.

Julia Strauß, »Einpflanzen!«, S. 43, »Balkon!«, S. 121. Aus: Julia Strauß, *Der Wochenendverführer. 52 Ideen für die schönsten Tage der Woche.* insel taschenbuch 4217. © Insel Verlag Berlin 2014.

Robert Walser, »Das Veilchen«, S. 24, »Gärten«, S. 57. Aus: Robert Walser, *Sämtliche Werke in Einzelausgaben.* Herausgegeben von Jochen Greven. 20 Bände. suhrkamp taschenbuch 1101-1120. Suhrkamp Verlag Zürich und Frankfurt am Main 1985/1986. Mit Genehmigung der Inhaberin der Rechte, der Carl Seelig-Stiftung, Zürich.

Susanne Wiborg, »Das perfekte Rascheln«, S. 73. Aus: Susanne Wiborg, *Mein Garten, mein Paradies.* © Verlag Antje Kunstmann GmbH, München 2014.

Susanne Wiborg, »Wenn alles wächst …«, S. 26. Aus: Susanne Wiborg, *Bin im Garten!* insel taschenbuch 4234. © Verlag Antje Kunstmann GmbH, München 2011.

Oscar Wilde, »Der eigensüchtige Riese«, S. 146. Aus: Oscar Wilde, *Märchen und Erzählungen.* Aus dem Englischen von Franz Blei. insel taschenbuch 4542. Insel Verlag Berlin 2013. © Erbengemeinschaft Franz Blei.